FACULTÉ DE DROIT DE PARIS.

DROIT ROMAIN.

DE LA PÉNALITÉ EN DROIT ROMAIN, DES AGGRAVATIONS ET DES ATTÉNUATIONS QU'ELLE POUVAIT SUBIR.

DROIT FRANÇAIS.

DES FONCTIONS DU PRÉSIDENT EN MATIÈRE PÉNALE.

PAR

MICHEL COLOMBIER

AVOCAT A LA COUR D'APPEL.

PARIS

F. PICHON ET A. COTILLON, IMPRIMEURS,

Libraires du Conseil d'Etat,

24, RUE SOUFFLOT, 24.

1881

THÈSE

POUR LE DOCTORAT

FACULTÉ DE DROIT DE PARIS.

DROIT ROMAIN.

DE LA PÉNALITÉ EN DROIT ROMAIN, DES AGGRAVATIONS ET DES ATTÉNUATIONS QU'ELLE POUVAIT SUBIR.

DROIT FRANÇAIS.

DES FONCTIONS DU PRÉSIDENT EN MATIÈRE PÉNALE.

THÈSE POUR LE DOCTORAT

PAR

Michel COLOMBIER
AVOCAT A LA COUR D'APPEL.

L'acte public sur les matières ci-après sera présenté et soutenu le *lundi 18 juillet* 1881, à midi.

PRÉSIDENT : M. LABBÉ,

SUFFRAGANTS : MM. DUVERGER, LEVEILLÉ, PROFESSEURS. LAINÉ, RIPERT AGRÉGÉS.

Le candidat répondra, en outre, aux questions qui lui seront faites sur les autres matières de l'enseignement.

PARIS
F. PICHON ET A. COTILLON, IMPRIMEURS,
Libraires du Conseil d'Etat,
24, RUE SOUFFLOT, 24.

1881

A MA MÈRE

DROIT ROMAIN

DE LA PÉNALITÉ EN DROIT ROMAIN,

DES AGGRAVATIONS ET DES ATTÉNUATIONS QU'ELLE POUVAIT SUBIR.

Il n'entre pas dans notre sujet de faire l'historique de la législation criminelle des Romains; mais comme il nous serait tout-à-fait impossible d'étudier les peines usitées à Rome, ainsi que les modifications qu'elles pouvaient subir, sans faire bien souvent allusion à la juridiction chargée de les appliquer, il nous a paru indispensable de placer en tête de cet exposé de la pénalité en droit romain, un aperçu rapide sur la manière dont s'exerça la juridiction criminelle aux différentes époques.

Ce sera peut-être la partie la plus intéressante de notre travail, car l'histoire, venant s'y mêler au droit, corrigera ce que l'étude des textes peut avoir de trop aride. Cependant nous ne nous laisserons pas entraîner à des développements qui seraient tout-à-fait en dehors de notre sujet. Nous nous sommes proposé l'étude des peines et des modifications qu'elles pouvaient subir dans leur application : nous ferons tous nos efforts pour aller droit à notre but, en passant rapidement sur les parties qui n'auraient trait qu'indirectement à l'objet de cette thèse.

Dès maintenant notre sujet se divise tout naturellement en trois parties. Dans la première nous ferons rapidement l'historique de la législation criminelle à Rome ; dans la seconde nous exposerons les peines et les châtiments qui y étaient en usage ; dans la dernière enfin nous étudierons les aggravations ou les atténuations que pouvaient subir ces mêmes peines.

PREMIÈRE PARTIE.

APERÇU HISTORIQUE DE LA LÉGISLATION CRIMINELLE A ROME.

§ 1er. — *Juridiction criminelle des rois.*

La juridiction criminelle, comme les autres pouvoirs publics, fut naturellement à l'origine entre les mains des rois. D'après Denys d'Halicarnasse le roi ne s'occupait lui-même que des crimes les plus graves et se déchargeait sur le Sénat du jugement des délits moins importants. Mais même dans les affaires criminelles dont le roi connaissait en personne, généralement il ne décidait pas seul et s'entourait d'un conseil. C'est du moins ce qu'il est permis de croire d'après un passage de Tite-Live, où un des reproches principaux qu'il formule contre Tarquin est de juger seul et sans conseil. « Hic etiam primus regum traditum a « prioribus morem de omnibus Senatum consu- « lendi solvit. » Il semble également résulter de ce texte que le conseil dont le roi s'entourait était le Sénat. Mais là-dessus comme sur toute cette époque nous n'avons que des données assez vagues.

A côté de cette juridiction exercée par le roi en

personne on trouve également une juridiction déléguée à des *duumviri*. Nous avons un exemple célèbre de cette juridiction des *duumviri* dans le jugement d'Horace, poursuivi pour le meurtre de sa sœur, après sa victoire sur les Curiaces. Tite-Live nous dit que ce roi délégua aux *duumviri* le jugement de ce procès, et qu'après la condamnation il autorisa l'appel au peuple, lequel naturellement rendit une sentence d'absolution.

Ces *duumviri* sur lesquels les rois se déchargeaient volontiers du jugement de certaines affaires, semblent avoir porté le nom de *quæstores*. C'est ce qui résulte d'un texte d'Ulpien : « Origo « quæstoribus creandis antiquissima est; et pene « ante omnes magistratus. Grachanus denique « Jùnius, libro septimo de potestatibus, etiam « ipsum Romulum et Numam Pompilium binos « quæstores habuisse, quos ipsi non sua voce, sed « populi suffragio crearent, refert. Sed sicuti du- « bium est an, Romulo et Numa regnantibus, « quæstor fuerit; ita Tullo Hostilio rege quæstores « fuisse certum est. Sane crebrior apud veteres « opinio est, Tullum Hostilium primum in rem « publicam induxisse quæstores. » (loi un. D., *de officio quæstoris*).

Il est bien vraisemblable que le passage de Tite-live, au sujet du jugement d'Horace est pour quelque chose dans cette affirmation d'Ulpien. Quant à cet appel au peuple que nous voyons se produire dans ce même procès, c'est le seul exemple qu'on en trouve au temps des rois, et il est probable que c'était une procédure absolument exceptionnelle. Il est également probable que c'est à cet appel unique et extraordinaire que s'applique l'assertion de Cicéron : « Provocationem ad popu« lum etiam a regibus fuisse declarant pontifici « libri. » (C. *de Rep.*, II, 31). Car lorsque le jugement avait été rendu par le roi en personne, l'appel était absolument impossible.

§ II. — *Juridiction criminelle du peuple.*

A la chûte de la monarchie, les consuls succédèrent naturellement aux attributions des rois, et parmi ces attributions, ils trouvèrent la juridiction criminelle. C'est ce ce que nous indique très-clairement Pomponius : « Exactis deinde « regibus, consules constituti sunt duo, penes « quos summum jus uti esset, lege rogatum est. » (D. loi 2, § 16, *de orig. juris.*). Mais cette juridiction ne tarda pas à être restreinte entre leurs mains par la loi *Valeria*. Cette loi rendue sur la proposition de *Valerius Publicola*, établit vraiment la souveraineté populaire en prescrivant l'appel aux comices de tous les jugements criminels rendus par les consuls. Et ce n'est pas seulement l'appel que permettait cette loi qualifiée de *unicum præsidium libertatis* : dans toute accusation capitale, sans attendre le jugement, l'accusé pouvait immédiatement demander à être jugé par le peuple, bien autrement facile à émouvoir et à fléchir qu'un magistrat. Aussi les consuls ne tardèrent-ils pas à se décharger complètement de la juridiction capitale d'abord, et peu à peu des autres juridictions qui passèrent également au peuple.

Ce pouvoir judiciaire que le peuple absorbait ainsi, il l'exerçait soit dans les comices par centuries, où la prépondérance appartenait à l'aristocratie de fortune, soit dans les comices par tribus, constitués pour combattre les abus du principe d'autorité que pouvaient commettre le sénat ou les consuls, et composés de plébéiens.

Anciennement existaient bien des comices par curies, mais cela remonte aux premiers temps de la monarchie, et tout fait présumer que ces comices ne fonctionnèrent pas longtemps comme pouvoir judiciaire. Le seul exemple d'un procès criminel devant les comices curies, est justement le jugement d'Horace dont nous avons déjà parlé.

Les *comices centuries* qui formaient ce que Cicéron appelle *comitiatus maximus* (*de Leg.* III, 44), avaient seuls la connaissance des affaires capitales, en première ligne du crime *de perduellio*. Quant aux comices-tribus, leur juridiction fut surtout politique et les tribuns en firent un usage qui ne tarda pas à leur donner une influence suprême.

Enfin le sénat avait également une part de juridiction criminelle. Mais s'il faut en croire Tite-Live, cette juridiction n'était guère qu'une délégation que le peuple faisait au sénat de son pouvoir en matière criminelle, et les sénateurs se trouvaient plutôt investis d'une sorte d'action publique que d'une véritable juridiction (Tite-Live, XXVI, 33). En revanche, pour l'Italie et les provinces, la juridiction du sénat était vraiment souveraine.

§ III. — *Quæstiones perpetuæ.*

Mais le peuple ne tarda pas à s'apercevoir que l'exercice du pouvoir judiciaire n'était guère le fait d'assemblées aussi nombreuses que les comices-centuries ou les comices-tribus. Aussi prit-il bientôt l'habitude, toutes les fois que la nature de l'affaire faisait prévoir des longueurs et des difficultés, de déléguer ses pouvoirs à une commission (*quæstio*), qui rendait la justice en son nom, et au VIe siècle, ces *quæstiones* étaient déjà la forme habituelle des jugements criminels.

De ces *quæstiones*, nommées pour une affaire spéciale, aux *quæstiones perpetuæ*, c'est-à-dire à des commissions permanentes chargées de juger les mêmes crimes, d'après une procédure déterminée, il n'y avait qu'un pas et ce pas ne tarda pas à être franchi. Du reste le progrès dans ce sens s'était fait insensiblement, et lorsque des lois créèrent des *quæstiones perpetuæ*, elles ne firent que régulariser un état de choses existant déjà. En 604 une loi votée sur l'initiative de Calpurnius Pison institua une *quæstio perpetua* pour la connaissance du crime de *concussion*. Puis furent établies les *quæstiones* chargées de la poursuite des crimes de *majesté*, de *brigue*, et de *péculat*. Sous Sylla, de nouvelles délégations permanentes furent créées pour la répression des empoisonneurs (*lex Cornelia de veneficiis*), des assassins (*de sicariis*), des faussaires (*de falsis*), enfin les lois Juliennes, *de adulteriis, de parjuriis, de vi publicâ et de vi privatâ*, vinrent encore augmenter le nombre de ces *quæstiones perpetuæ*.

Quant aux membres qui composaient ces commissions permanentes, le peuple, les chevaliers et le Sénat se disputèrent ardemment l'avantage de les fournir. Le pouvoir judiciaire était l'instrument politique le plus puissant et chacun sentait bien que la véritable souveraineté n'appartenait qu'au corps qui en disposait. Mais il n'est pas dans notre intention d'entrer dans le détail de ces luttes qui commencèrent avec les Gracques pour ne finir qu'avec César. Cela sortirait du cadre que nous nous sommes tracé. Contentons-nous de dire que dans ces *quætiones perpetuæ* le tribunal était composé d'un président et d'un certain nombre de jurés chargés de se prononcer sur l'affaire qui leur était soumise.

Le président était ordinairement un Préteur, et naturellement le nombre de ces magistrats augmenta avec le nombre des *quæstiones*. Mais pour ne pas multiplier les Préteurs outre mesure, on créa des *judices quæstionis*, sorte d'officiers chargés de remplacer le Préteur dans la présidence de la commission. L'existence de ces *judices quæstionis* nous est révélée par un passage de la loi *Cornelia* conservée dans la *Collatio legum mosaïcarum* (I. 3, 1).

Quelques auteurs ont prétendu que le *judex quæstionis* se tenait auprès du Préteur pour l'assister dans ses fonctions. Cela n'est pas exact. Le *judex quæstionis* était un délégué du Préteur qu'il remplaçait dans la présidence de la commission. Au surplus il n'était pas magistrat et devait au commencement de chaque procès *jurare legem*.

Quant aux jurés ils étaient choisis sur une liste spéciale dressée chaque année pour chaque *quæstio*, du moins avant Sylla. Mais quand ce dernier eut rendu le pouvoir judiciaire au Sénat, naturellement les listes durent se trouver très restreintes. L'âge légal pour être juré était trente ans accomplis; à soixante ans on était rayé des listes. Plus tard Octave permit d'être juré à partir de vingt-cinq ans ainsi qu'il résulte du passage suivant de Suétone : « Judices à XXV ætatis anno « allegit, id est quinquennio maturius quam « antea. » (Octav. 32).

Les jurés choisis pour chaque *judicium* devaient prêter le serment de remplir fidèlement leurs fonctions : de là le nom de *judices jurati.*

§ IV. — *Cognitiones extraordinariæ.*

Les *quæstiones perpetuæ* ainsi organisées fonctionnèrent même pendant l'Empire. Mais la puissance impériale ne pouvait longtemps permettre à un pouvoir aussi indépendant de subsister à côté d'elle. Sans rien changer en apparence, la juridiction du Sénat s'introduisit insensiblement, et bientôt cette assemblée, composée en grande majorité d'hommes tous dévoués à l'empereur mit la main sur tout le pouvoir judiciaire, grâce à un usage fréquent et habile des *cognitiones extraordinariæ.*

Ces *cognitiones extraordinariæ* n'étaient cependant pas une création de l'Empire. Déjà sous la République nous voyons le Sénat se réserver ou attribuer à un dictateur, pour de hautes raisons politiques la connaissance de certains crimes, particulièrement dangereux pour l'ordre social. Mais ce n'étaient là que des cas exceptionnels et le peuple restait encore en principe l'autorité suprême à laquelle on pouvait appeler. Sous l'Empire au contraire l'exception ne tarda pas à devenir la règle. La poursuite et le jugement de tous les crimes furent peu à peu enlevés aux juges citoyens composant les *quæstiones perpetuæ* et attribués exclusivement au Sénat. Tout d'abord on lui donna la connaissance des crimes commis par ses membres; plus tard on lui attribua la répression du crime de lèse-majesté, et insensiblement les *quæstiones perpetuæ* se trouvèrent dépouillées de toutes leurs attributions.

Au reste le prince ne tarda pas à s'élever au-dessus du Sénat et réunissant en sa personne les plus hautes dignités de l'État, il se trouva à la fois maître de l'administration et de la justice. Placé hiérarchiquement au-dessus de tous les juges de l'Empire, il fut tout d'abord juge d'appel, et les magistrats ne furent plus en quelque sorte que ses délégués. De juge d'appel l'empereur en arriva bientôt à juger en premier et dernier ressort sur les accusations désignées sous le nom de *crimina extraordinaria*. Puis parut la juridiction du Préfet du Prétoire. Sous Adrien un Conseil d'État fut chargé de l'administration et de la juridiction suprême; mais cette institution ne fut pas une garantie contre la toute-puissance impériale, et l'on a plus d'un exemple de procès criminels jugés par les empereurs en dehors des formes qu'eux-mêmes avaient établies. Enfin la justice criminelle passa bientôt tout entière entre les mains des agents directs de l'empereur par les préfets et les présidents de provinces.

DEUXIÈME PARTIE.

DES PEINES.

Dans la législation primitive de Rome, on désignait par *fraus* ce que plus tard les Romains appelèrent *pœna*, et cette expression était même si bien dans les habitudes du langage juridique, que la loi des Douze-Tables emploie souvent les mots *se fraude*, pour *sine pœnâ*. Du reste, Ulpien a bien soin de nous prévenir de cette particularité, qui s'explique tout naturellement par une confusion entre l'effet et la cause : « Aliud « fraus est, dit-il, aliud pœna; fraus enim sine « pœnâ esse potest, pœna sine fraude esse non « potest. Pœna est noxæ vindicta, fraus et ipsa « noxa dicitur et quasi pœnæ quædam præpara- « tio. » (D. loi 131, *de Verb. sign.*)

Cette observation faite sur la signification du mot *pœna*, voyons comment se divisent les peines en droit romain. La division la plus naturelle, celle qui s'impose en quelque sorte au premier abord, est la suivante : peines capitales et peines non capitales. C'est celle que nous suivrons, et nous tâcherons de grouper sous ces deux chefs tous les châtiments usités à Rome, ainsi que leurs conséquences principales.

CHAPITRE PREMIER.

PEINES CAPITALES.

« Les peine capitales sont celles qui font perdre au condamné la vie, la liberté ou la cité. » (Ulpien, loi 2, *de Pœnis*, D.)

Elles comprennent donc, du moins dans le dernier état du droit : 1° la mort; 2° la condamnation aux mines ou aux travaux des mines; 3° la déportation, et 4° la condamnation aux travaux forcés à perpétuité.

§ Ier. — *De la peine de mort.*

Au temps d'Ulpien, le dernier supplice était la potence, le bûcher et la décollation. Mais, aux premiers temps de Rome et sous la République, il y avait un très grand nombre de manières d'infliger le dernier supplice.

Outre la potence, on condamnait fréquemment le criminel à être pendu *arbori infelici*. Pline, dans son *Histoire naturelle*, nous indique ce que l'on entendait par cette expression : « Erant autem infelices arbores, damnatæque religione « quæ nec seruntur nec fructum ferunt, » et il cite comme exemple le peuplier et l'aulne. Le condamné à la pendaison *arbori infelici* était préalablement dépouillé de ses vêtements et subissait avant son exécution le supplice de la bastonnade, supplice du reste qui, à Rome, précédait presque toutes les exécutions capitales.

Il en était de même dans le supplice de la croix, qui comportait en quelque sorte une véritable aggravation de l'ignominie qu'on voulait infliger au coupable. Le crucifiement était encore fort en usage sous les empereurs, et à Rome même. Nous en avons un témoignage irrécusable dans le martyre de saint Pierre, qui eut lieu sous Néron, en l'an 67 de Jésus-Christ. Mais Constantin, après sa conversion, abolit ce supplice et y substitua la potence. Le symbole de rédemption et de victoire ne pouvait continuer à être un signe d'infamie.

La précipitation était également une des peines capitales les plus anciennes dans le droit romain. S'il faut en croire Denys d'Halicarnasse, on aurait condamné à ce supplice au temps même de Romulus. Mais, dans tous les cas, l'exécution de Manlius, précipité de la roche Tarpéienne, nous est formellement attestée par Tite-Live.

L'étranglement dans la prison, la fustigation jusqu'à la mort, étaient également en usage à Rome, et cette multiplicité de peines capitales semble bien indiquer un droit criminel assez rudimentaire.

Mais sous le droit des Pandectes, la plupart de ces supplices avaient cessé d'être employés, et il ne restait plus, comme nous l'avons déjà dit, que la potence, le bûcher et la décollation. La précipitation, la flagellation jusqu'à la mort avaient été formellement interdites (loi 8, § 3; loi 25, § 1, D., *de Pœnis*), et il n'est pas difficile de voir que la peine capitale la plus employée était la décollation. Ce supplice ne devait être infligé qu'avec le glaive (*gladio*). Toute autre arme, hache, poignard, lance, était interdite, et une loi défendait à l'exécuteur, qui après trois coups n'avait pas achevé sa victime, de la frapper davantage.

Mais si d'un côté on veillait à ce que le châtiment ne dégénérât pas en atrocité, d'un autre côté la loi devait être obéie pleinement, et les présidents n'avaient pas le droit d'accorder la faculté de choisir son genre de mort, encore moins de laisser le condamné se soustraire au supplice par le poison. Mais ce que ne pouvaient pas faire les présidents de province, l'empereur le faisait quelquefois. Nous voyons dans Tacite (*Annal.*, 13) que Néron avait accordé à quelques victimes la faveur de choisir leur genre de mort. Un exemple bien plus frappant de commutation de peine est celui que nous rapporte Suétone. Après l'incendie de Rome, pour se procurer les bras et les matériaux nécessaires à la reconstruction de la ville, Néron ordonna de changer les condamnations à mort en condamnations aux travaux des mines ou autres semblables (*Vie de Néron*, 31).

En l'an de Rome 654, une loi *Porcia* avait interdit aux magistrats de faire flageller un citoyen romain et de lui appliquer la peine de mort : l'exil seul était permis (Cic., *pro Rabirio*). Mais cette loi tomba en désuétude sous les empereurs, et si à ce moment nous voyons disparaître quelques supplices anciens, en revanche nous trouvons malheureusement des exemples de supplices nouveaux et arbitraires qui ne pouvaient guère procéder que de l'imagination désordonnée d'un tyran.

Pendant les persécutions contre les Chrétiens, l'exposition aux bêtes fut très fréquemment employée. Ce supplice avait le double avantage de pouvoir être appliqué à la fois à un grand nombre de victimes et surtout de servir aux amusements de la multitude.

Suétone nous raconte (*Vie de Titus*, 28) que Titus et Trajan avaient imaginé un nouveau genre de peine capitale pour les délateurs. C'était de les mettre sur un très vieux vaisseau et de les abandonner ainsi à la mer et aux vents.

Enfin le martyre de sainte Cécile nous indique un autre genre de mort qui n'était pas, paraît-il, tout à fait une exception. L'abbé des Bénédictins de Solesmes, Dom Guéranger, dans son livre de *Sainte Cécile et la société romaine aux deux premiers siècles*, nous raconte ce supplice avec un véritable luxe de détails : « Quelle peine imposer à une dame romaine d'un tel caractère et d'un tel rang? Il avait été résolu que Cécile ne périrait pas sous le glaive. On décida qu'on l'enfermerait dans la salle des bains de son palais, que les Romains appelaient le *Caldarium*. On maintiendrait un feu violent et continu dans l'hypocauste, et la vierge, laissée sans air sous la voûte ardente, aspirerait la mort avec la vapeur embrasée, sans qu'il fût besoin de l'épée d'un licteur pour l'immoler. Ce supplice arbitraire qui n'avait pas, il est vrai, son fondement exprès dans la pénalité romaine, avait l'avantage d'éviter l'éclat et le tumulte. Le patriciat lui-même ne pourrait voir un déshonneur dans ce supplice employé déjà contre une impératrice. Octavie n'avait-elle pas été ainsi livrée à l'atmosphère mortelle du *Caldarium*, par ordre de son mari Néron? Et l'on sait que cette manière privilégiée de sortir violemment de la vie fut plus tard imposée par Constantin à sa femme, l'impératrice Fausta. »

On nous pardonnera cette longue citation. Mais outre qu'elle peint bien un genre de supplice tout nouveau, elle a l'avantage de mettre en lumière un point sur lequel, du reste, nous reviendrons plus longuement, l'influence que le rang de la victime pouvait exercer sur la nature du châtiment. Sainte Cécile, de la *gens Cœcilia*, ne pouvait être mise à mort comme une simple plébéienne.

§ II. — *Condamnation aux mines ou aux travaux des mines.*

Nous avons passé en revue les différents supplices en usage à Rome pour infliger la peine de mort, nous sommes arrivés maintenant à un nouveau genre de peine, celle qui prive le condamné du bienfait de la liberté. En première ligne se trouve la condamnation aux mines (*in metallum*) et aux travaux des mines (*in opus metalli*).

Au point de vue de la situation purement matérielle, il y avait une légère différence entre les condamnés aux mines et ceux qui ne l'étaient qu'aux travaux des mines. Les premiers étaient, à proprement parler des mineurs, c'est-à-dire des ouvriers chargés de rechercher et d'exploiter dans les galeries souterraines les filons de métaux précieux tels que l'or, l'argent, etc. Cette occupation, toujours extrêmement dure, était encore rendue plus pénible par le poids de lourdes chaînes que traînaient les condamnés aux mines. Les seconds au contraire, n'étaient en quelque sorte que des aides-mineurs. Outre l'immense avantage de ne pas vivre perpétuellement dans les galeries des mines, les chaînes qu'ils portaient étaient paraît-il beaucoup plus légères, c'est du moins ce que nous apprend Ulpien (loi 8, § 6, D., *de pœnis*) et il ajoute : « Quodque refugæ ex opere metalli in

« metallum dantur; ex metallo gravius coercen-« tur. » Ce qui prouve bien que la peine des uns était considérée comme plus douce que celle des autres.

Mais si la situation matérielle, comme nous le disions plus haut, différait légèrement pour les condamnés aux mines et les condamnés aux travaux des mines, leur condition sociale était absolument identique, et les uns et les autres devenaient également esclaves.

Cette peine de l'esclavage n'était pas nouvelle à Rome, et la loi des XII tables permettait déjà au magistrat de prononcer l'*addictio* du voleur manifeste à la personne volée. Mais d'ailleurs Gaïus lui-même nous dit que les anciens se demandaient si cette *addictio* rendait immédiatement le voleur esclave, ou si elle le constituait *loco adjudicati* (Gaïus, Com. III, 189). Un autre exemple de perte de la liberté, est celui qui résultait du sénatus-consulte Claudien : La femme libre qui vivait en *contubernium* avec un esclave, malgré le maître de celui-ci, devenait esclave, et après trois avertissements préalables, appartenait au même maître que son complice.

Mais dans la condamnation aux mines, nous nous trouvons en présence d'un esclavage particulier. Le condamné devenait ce qu'on appelait esclave de la peine (*servus pœnæ*). Pothier dans ses notes nous enseigne que cette servitude de la peine était née d'une fiction. La loi *Porcia* défendant de soumettre les citoyens romains au supplice capital, le juge regardait l'accusé comme n'étant plus citoyen, afin de ne pas condamner un citoyen au dernier supplice. Quoi qu'il en soit, les jurisconsultes romains, se trouvant pour ainsi dire, en présence d'une condition de droit civil, avaient déduit les conséquences de cet esclavage particulier avec leur rigueur habituelle.

Le condamné étant esclave de la peine et non l'esclave de l'empereur ou du fisc, il en résultait que n'appartenant à aucune personne physique ou morale, il ne pouvait acquérir d'aucune manière, et que les legs qu'on lui faisait étaient regardés comme non avenus.

Les condamnations qui entraînaient la perte de la liberté produisaient leur effet du jour même de la sentence. De là comme conséquence, si les condamnés criminels commettaient de nouveaux délits avant d'avoir été conduits à leur destination, ils n'en devaient pas moins être traités comme de véritables esclaves.

Mais pour amener la privation de la liberté, la condamnation devait prononcer une peine perpétuelle. Callistrate cite un rescrit d'Hadrien, qui ne laisse aucun doute à ce sujet : « In opus metalli ad tempus nemo damnari debet. Sed qui « ad tempus damnatus est, etiamsi faciet metal- « licum opus, non in metallum damnatus esse in-

« telligi debet. Hujus enim libertas manet quam-
« diu etiam hi quin in perpetuum opus damnan-
« tur. » (Loi 28, § 6, D., *de pœnis*).

Et la conséquence toute naturelle que tire le jurisconsulte de ce rescrit est que les femmes, qui ont été ainsi condamnées aux mines pour un temps déterminé, donnent cependant naissance à des hommes libres.

La dernière phrase du rescrit que nous venons de citer a soulevé quelques difficultés. Certaines éditions du Digeste ajoutent une négation et le passage est ainsi transformé : « Quamdiu etiam « hi qui *non* in opus perpetuum damnantur. » Quelles que bonnes raisons que donne Pothier à l'appui de cette version, nous ne croyons pas qu'elle doive être admise. L'explication est toute naturelle en retranchant la négation. Il suffit, en effet, de se reporter à la loi 17, *de pœnis*, au D. On y voit que les condamnés aux travaux à perpétuité sont privés du droit de cité, mais continuent cependant à jouir de la liberté, c'est-à-dire ne deviennent pas *servi pœnæ*. Or, il nous semble, ainsi qu'à Cujas, que c'est à cette situation que se refère vraisemblablement le rescrit d'Hadrien. La condamnation n'étant que temporaire ne peut faire perdre la liberté, mais entraîne, comme pour les travaux à perpétuité, la perte de la cité. Il serait, en effet, singulier qu'une condamnation à une peine aussi grave que celles des mines, même à temps, n'entraînât pour le condamné aucune déchéance, aucune *capitis deminutio*, ce qui arriverait si on l'assimilait au condamné aux travaux forcés à temps.

Il était rare qu'un homme fût condamné aux mines pour un temps déterminé. Ce genre de peine s'appliquant plus spécialement aux femmes (Ulpien, loi 8, § 8, D. *de pœnis*), et dans ce cas, nous avons vu l'intérêt qu'il y avait pour les enfants auxquels elles pouvaient donner le jour. Mais, quand par inadvertance (*imperitiâ*), le juge qui condamnait aux mines avait oublié d'indiquer dans sa sentence si c'était à perpétuité ou à temps, la condamnation était censée faite pour dix ans (Modestin, loi 23, *de pœnis*, D.).

A côté de ces deux peines, des mines et des travaux des mines qui, sans aucune contestation, entraînaient la perte de la liberté, il y en avait quelques autres sur les effets desquelles les jurisconsultes ne s'étaient pas toujours entendus, et en première ligne nous trouvons la condamnation *in ludum venatorium* qu'il est bien difficile de traduire autrement que par une périphrase. Les condamnés *in ludum venatorium* étaient les criminels que l'on réservait pour les jeux du cirque où, au jour fixé, ils devaient combattre contre des bêtes fauves. Ce n'était, du reste, pas les seuls condamnés que l'on destinât aux amusements du peuple. Il y avait aussi les *pyrricarii* chargés de simuler des combats à pied ou à cheval au son d'instruments de musique jouant en mesure; il y avait enfin et surtout les criminels condamnés *ad ludum gladii*, les gladiateurs.

C'est sur les effets de ces différentes condamnations qu'il y avait eu quelques hésitations. Mais dans le droit du Digeste, la question est tranchée. « Et magis est ut hi quoque servi efficiantur, » dit Ulpien (Loi 8, § 11, *de pœnis*).

Mais si tous les criminels que l'on employait ainsi à distraire la plèbe perdaient la liberté par le seul effet de la condamnation, nous ne croyons pas cependant qu'il faille aller aussi loin que Cujas (Observ. 13, 10) et décider qu'il n'y avait aucune différence entre les condamnés *in ludum venatorium* et ceux qui devaient être exposés aux bêtes. Qu'en fait, le résultat des deux condamnations fût souvent identique, c'est ce que nous ne saurions contester. Mais cependant il pouvait arriver que ceux qui étaient condamnés *in ludum venatorium* sortissent vainqueurs du combat, et dans ce cas, comme ils n'étaient pas condamnés à mort, la différence avec ceux qui étaient purement et simplement exposés aux bêtes, nous semble assez sensible. Cette distinction est, du reste, très bien indiquée dans un passage de la *Collatio legum Mosaïcarum* au sujet des condamnés à mort (*ad gladium*) et de ceux qui ne sont condamnés que *ad ludum gladii*. « Nam *ad gladium* damnati con-

« festim consumuntur, vel certe intra annum de-« bent consumi : hoc enim mandatis continetur. « Enimvero qui *in ludum* damnantur non utique « consumantur ; sed etiam pileari et rudem acci-« pere possunt post intervallo. » (XI, VIII, 4).

Ces différentes condamnations *ad ludum venatorium, ad ludum gladii*, disparurent peu à peu. Constantin, le premier, abolit les combats de gladiateurs (Loi I, Cod., *de gladiatoribus*), et Honorius interdit définitivement les spectacles sanglants.

Enfin la servitude de la peine fut elle-même abrogée par Justinien. « Nos autem hoc remitti-« mus ; et nullum ab initio bene natorum ex sup-« plicio permittimus fieri servum. » (Novelle XXII, chap. 8).

§ III. — *Déportation.*

Nous avons successivement examiné les peines qui, pour employer l'expression d'Ulpien « vitam « aut libertatem adimunt ». Pour achever notre exposé des peines capitales, il nous reste à parler des condamnations « quæ civitatem adimunt ».

Justinien cite comme exemple de peines entraînant la perte de la qualité de citoyen l'interdiction de l'eau et du feu et la déportation dans une île. C'est que, en effet, c'étaient les deux condamnations de cette catégorie que le juge prononçait le plus souvent.

La plus ancienne de ces peines était l'interdiction de l'eau et du feu. Une vieille règle de droit s'opposait à ce qu'un citoyen romain perdît ses droits de cité malgré lui et aucun ordre du peuple ne pouvait prévaloir contre cela. Lors donc qu'on voulait chasser quelqu'un de la ville, il fallait avoir recours à un expédient et voici la subtilité à laqulle on s'était arrêté. Cicéron nous l'indique très-clairement: « Id autem ut esset faciendum, non ademp- « tione civitatis sed tecti et aquæ et ignis interdic- « tione faciebant. » (Cic., *pro domo*, 30). Mis ainsi dans la nécessité d'abandonner le sol romain, le condamné n'avait d'autre ressource que de se retirer dans une autre ville et d'en devenir citoyen, quoi faisant il perdait comme volontairement ses droits de citoyen romain « nam duarum civitatum « civis esse nostro jure civili nemo potest; non « esse hujus civitatis civis, qui se aliæ civitati « dicarit, potest. » (Cic., *pro Balbo*, § 11).

Cette peine de l'interdiction de l'eau et du feu disparut bientôt et fut remplacée par la déportation, et si Justinien en parle encore dans ses Institutes, ce n'est certainement qu'en évoquant un ancien souvenir, car Ulpien avait déjà pu écrire ; « Deportatio in locum aquæ et ignis interdic- « tionis successit. » (Loi 2, § 1, D., *de pœnis*).

La déportation qui fut, paraît-il, introduite par

Auguste, différait de l'interdiction de l'eau et du feu en ce que le condamné était enfermé en quelque sorte dans un lieu déterminé, dans une certaine île, tandis que l'interdiction de l'eau et du feu lui fermait tout le territoire de l'empire.

La condition que la peine de la déportation faisait au condamné, au point de vue du droit civil, avait été soigneusement réglée par les jurisconsultes romains. Le déporté ne perdait que le droit de cité, sa liberté restait intacte. Privé du droit spécial de cité, il n'en continuait pas moins à jouir du droit des gens. « Et speciali quidem jure « civitatis non fruitur, jure tamen gentium uti« tur. » (Loi 15, D. 48, 22). De là, comme conséquence, il pouvait acheter, vendre, faire des échanges; en un mot, accomplir tous les actes permis à un pérégrin.

Quant aux actes de pur droit civil, ils lui sont absolument interdits, et l'assimilation du déporté au pérégrin est assez curieuse à observer dans les textes. « Manumittere deportatum non posse « divus Pius rescripsit, » dit Marcien (D. loi 2, 48, 22). « Qui civitatem amisit, et bona detinet, « utilibus actionibus tenetur » dit à son tour Ulpien (Loi 14, § 3, *eod. tit.*). Enfin, le déporté ne peut rien recevoir par testament, car on ne saurait permettre que sa position fût ainsi améliorée.

Mais la conséquence la plus grave de la déportation était assurément la confiscation des biens, confiscation, du reste, qui accompagnait toutes les condamnations à une peine capitale. Nous ne pouvons pas entrer dans de bien longs détails à ce sujet, mais, en principe, le fisc mettait la main sur tous les biens que le condamné possédait au jour de la sentence. Jouissant du droit des gens, le déporté pouvait, postérieurement à sa condamnation, en acquérir de nouveaux; mais à sa mort le fisc reprenait ses droits, et ses héritiers ne pouvaient réclamer sa succession (Loi 2, Code, 9, 49). Cependant on s'était un peu relâché de cette rigueur à l'égard des enfants du déporté, et on avait décidé qu'on leur laisserait au moins une portion de la succession qui devait leur revenir tout entière. « Æquissimum existimatum est, eo quoque « casu, quo propter pœnam parentis aufert bona « damnatio, rationem haberi liberorum, ne alieno « admisso graviorem pœnam luerent, quos nulla « contingeret culpa, interdum in summam eges- « tatem devoluti. » (Paul, D., *de bonis damnatorum*, loi 7).

Cette portion varia avec les époques, et nous avons même des exemples où, par grâce spéciale du prince, on laissait aux enfants toute la succession de leur père au lieu d'une portion. Mais ces exemples prouvent des grâces personnelles et non un droit général.

Nous avons dit plus haut que la confiscation

portait sur tous les biens que le condamné possédait au jour de la sentence ; c'est qu'en effet sa condition changeait, comme pour les condamnés aux mines ou aux travaux des mines, du jour même de la condamnation. Il n'y avait d'exception que pour les criminels de lèse-majesté dont les biens étaient confisqués avant la sentence et du jour du crime (Loi 8, Cod., *ad leg. Jul. majest.*).

Enfin, l'empereur seul pouvait prononcer la peine de la déportation et les présidents de province ne pouvaient qu'en référer au prince et garder l'accusé en prison en attendant la décision impériale. Cependant, et par exception, le droit de déporter avait été donné au préfet de la ville. On comprendra mieux la restriction apportée aux pouvoirs des présidents de province dans ce cas particulier, quand nous aurons dit que la déportation était nécessairement perpétuelle et que c'était la peine capitale la plus en usage contre certaines classes élevées de la société romaine. Il était presque naturel, vu l'importance de la condamnation et la situation du condamné, que l'empereur se réservât exclusivement de prononcer la sentence.

§ IV. — *Travaux forcés à perpétuité.*

Enfin une dernière peine capitale nous est indiquée par le Code (L. I, *de pœnis*). C'est la condamnation aux travaux forcés à perpétuité. Comme dans la déportation, les condamnés restent libres mais ils perdent tous leurs droits de citoyen. Le jurisconsulte Marcien leur donne le nom d'Ἀπολιδες *hoc est sine civitate* (L. 17, § 1, *de pœnis*. D.). C'est à cette classe de condamnés et à la situation civile qui leur est faite que se rapporte, à notre avis, le rescrit d'Hadrien au sujet des personnes qui ont été condamnées aux mines pour un temps. Nous pensons avec Cujas qu'elles perdent la cité mais continuent à jouir de leur liberté.

Nous n'avons que fort peu de données sur ce genre de peines, et quelques textes seulement y font allusion ; il est assez facile cependant de comprendre en quoi il consistait. L'épithète de *publicum* qui accompagne toujours le mot *opus* indique suffisamment que les travaux auxquels étaient astreints les condamnés étaient : soit le percement ou la réfection de ces grandes voies stratégiques dont les Romains couvrirent l'*orbis romanus*, soit l'érection de monuments ou d'arcs de triomphe, soit enfin la construction de ports ou d'autres travaux de ce genre.

CHAPITRE II.

PEINES NON CAPITALES.

A côté des peines qui portent atteinte à la vie, à la liberté ou au droit de cité, et que nous avons appelées peines capitales, il y en a en plus grand nombre qui, tout en respectant la vie naturelle ou civile, touchent à ce que les Romains appelaient l'*existimatio*. Ces peines nous les réunirons sous la dénomination commune de *Peines non capitales*.

On ne peut guère trouver d'autre expression que *considération* pour indiquer le sens qu'on attachait à Rome au mot *existimatio*, et encore cette expression ne rend-elle que très imparfaitement l'idée que voulaient exprimer les jurisconsultes Romains. Dans notre langue, en effet, le mot considération indique uniquement l'estime dont jouit un homme qui, et c'est là la condition essentielle pour que la considération existe, n'a jamais eu de démêlés avec les lois de son pays, et n'a jamais rien commis contre l'honneur indépendamment de la possibilité de toute répression légale. A Rome, au contraire, l'*existimatio* était beaucoup moins méticuleuse. La bonne ou mauvaise réputation de l'individu n'avait rien à y voir et il fallait un délit tombant sous l'application d'une loi pour que l'*existimatio* fût atteinte. C'est ce qui ressort assez bien d'un texte de Callistrate : « Existi-« matio est dignitatis illæsæ status, legibus ac mo-« ribus comprobatus, qui ex delicto nostro, aucto-« ritate legum aut minuitur aut consumitur. » (L. 5, § 1, D. *de extraord. cognit.*).

Ces peines qui touchent à l'*existimatio* sont, comme nous l'avons dit, en beaucoup plus grand nombre que les peines capitales; nous allons énumérer les principales, celles auxquelles elles se rattachent presque toutes. Ce sont :

1° La relégation ; 2° les châtiments corporels ; 3° l'amende infamante; 4° la dégradation d'une dignité; 5° l'interdiction de quelque acte.

§ 1er. — *La Relégation.*

La relégation était assurément une des peines non capitales les plus graves ; elle ne différait guère, en effet, de la déportation que par ses effets civils. Elle consistait d'une façon générale dans l'interdiction ou dans l'assignation de certains lieux aux condamnés.

La relégation affectait des formes nombreuses et que nous ne ferons que citer rapidement. Tantôt c'est la ville de Rome ou une province que le coupable ne peut plus habiter, tout en conservant la facilité de se transporter partout ailleurs, tantôt au contraire on lui assigne une résidence d'où il ne peut sortir, sous peine de voir aggraver sa condamnation. Quelquefois cette résidence est une province, ou seulement une ville qu'il ne doit pas quitter; plus souvent c'est une île dans laquelle le condamné est confiné.

Ce dernier genre de relégation, celui où un lieu quelconque était assigné au relégué comme résidence, était le plus rigoureux. Était-ce une ville d'où le coupable ne pouvait s'éloigner, on appelait alors cette relégation *lata fuga* ; était-ce au contraire une île, la condamnation était considérée comme plus grave encore.

Enfin, on pouvait être relégué dans certaines parties désertes des provinces, ou bien être chassé de sa patrie, et dans ce cas-là, les jurisconsultes avaient décidé que le relégué ne pouvait paraître ni à Rome, parce que c'est la patrie commune, ni dans les villes où résidait l'empereur, le prince étant *pater patriæ* (L. 19, D. *de interd. et releg.*).

La rigueur de cette peine ne fit que s'accroître avec le temps. En principe, les présidents de province ne pouvaient interdire que la province qu'ils administraient, d'où il résultait que si le condamné était né dans une province et domicilié dans une autre, il pouvait parfaitement habiter celle des deux d'où le président ne l'avait pas expulsé. Mais on remédia bientôt à cet état de choses, et il fut décidé que le président de la province où habitait le coupable, pourrait également lui interdire celle dont il était originaire; enfin, le président de la province où le crime avait été commis, fut armé des mêmes pouvoirs, et il en résultait que dans certains cas, un président pouvait, sans en référer à l'Empereur, interdire au coupable trois provinces : celle où le délit avait été commis, celle où il était domicilié, et enfin celle où il était né.

Sous Claude, une constitution avait décidé, que ceux à qui un président aurait interdit sa province seraient également bannis de Rome et de l'Italie.

C'était, on le voit, donner une extension considérable aux effets de la condamnation prononcée par un simple président de province.

Cependant, malgré toutes ces rigueurs, la relégation différait encore sensiblement de la déportation. Nous avons vu que la déportation ne pouvait être prononcée que par l'Empereur ou le préfet de la ville. La relégation, au contraire, pouvait émaner soit du prince, soit du Sénat, soit des préfets, soit des présidents de province (L. 14, § 2, D. *de interd. et releg.*); pour ces derniers, il est vrai, ils ne pouvaient, comme nous l'avons déjà dit, interdire au coupable que la province qu'ils gouvernaient. Cette restriction à leurs pouvoirs s'étendait naturellement au cas de relégation dans une île. Pour qu'un président pût y reléguer quelqu'un, il fallait que l'île fût soumise à sa juridiction ; s'il en était autrement, le président pouvait bien encore prononcer l'*in insulam relegatio*, mais il devait immédiatement en référer à l'Empereur qui désignait l'île. Cette différence entre la relégation et la déportation est toute naturelle et se comprend quand on envisage les conséquences diverses de ces deux condamnations.

Le relégué conservait tous ses droits de citoyen, il ne subissait aucune *capitis deminutio* son *status* restait intact ; il pouvait tester et continuait à exercer la puissance paternelle. Enfin, il ne subissait en principe aucune confiscation, à moins que la sentence ne lui enlevât tout ou partie de ses biens pour cause déterminée. Un rescrit de Trajan à Didius Secundus est formel à ce sujet (L. 1, D. *de interd. et releg.*). Le déporté, au contraire, nous le savons, subissait la *media capitis deminutio*, et ce n'était que par exception qu'il conservait quelques-uns des biens qu'il possédait avant sa condamnation.

Une dernière différence entre la déportation et la relégation consistait en ce que la déportation était, en principe, perpétuelle, tandis qu'un relégué pouvait très bien ne l'être que pour un temps déterminé. Dans le cas où la relégation n'était que temporaire, le temps qui s'écoulait jusqu'au moment où le condamné était arrivé au lieu où il était exilé s'imputait sur la durée même de son exil.

§ II. — *Châtiments corporels.*

Ils étaient nombreux et variés, et jusque sous les empereurs ils revêtirent un caractère d'atrocité extraordinaire. Sans parler de la bastonnade (*fustium admonitio*) et de la flagellation (*flagellorum castigatio*), supplices qui furent employés de tout temps, le premier pour les hommes libres, et le second pour les esclaves; un grand nombre d'autres châtiments corporels furent usités même à une époque où cette sorte de barbarie aurait dû disparaître.

Ainsi, et pour n'en citer que quelques-uns, une loi *Remñia* condamnait les calomniateurs à subir l'impression d'une lettre (très probablement un K) sur le front. Cette loi était en pleine vigueur au temps de Cicéron : « Si hos judices bene novi, — « dit-il, — (*pro Roscio*, nº 20), litteram illam ita « vehementer ad caput adfligent ut postea ne- « minem accusare possitis, » et cette coutume barbare persista jusqu'à Constantin, qui ne l'abolit pas complètement et ne fit qu'interdire ce qu'elle avait d'atroce en décidant qu'à l'avenir la marque serait imprimée sur une autre partie du corps, mais non plus sur le front (Loi 17, C. *de pœnis*).

Le voleur subissait également un châtiment terrible, l'amputation des deux mains, et cela subsista jusqu'à Justinien qui, dans sa *Novelle* 134, chapitre XIII, réduisit l'amputation des deux mains et ne permit plus que d'en couper une seule. Il alla même plus loin en défendant d'appliquer ce supplice en cas de vol commis sans arme et en se cachant.

Cette même Novelle abolit la rupture d'un membre qui avait lieu fréquemment même pour des crimes peu importants : elle y substitua également l'amputation d'une main. Enfin elle remplaça par ce dernier supplice un châtiment employé contre les esclaves fugitifs, l'amputation des deux pieds.

Remarquons que la prison perpétuelle n'existait pas à Rome en tant que châtiment corporel. On ne connaissait guère que la prison préventive, c'est-à-dire celle qui a pour but de tenir le coupable à la disposition de ses juges. Ulpien le dit de façon à lever tous les doutes. « Carcer enim « ad continendos homines non ad puniendos « haberi debet. » (L. 8, § 9, D. *de pœnis*). Au surplus, la prison, même temporaire, était peu employée, et elle n'était le plus souvent que le prélude d'une peine d'un autre genre.

Il ne nous reste plus qu'à ajouter que la loi *Porcia*, cette loi qui défendait à un magistrat de frapper de verges un citoyen romain et de le mettre à mort était tombée en désuétude sous les empereurs, et à cette dernière époque la peine de mort était précédée de la bastonnade pour le *civis romanus* et de la flagellation avec des lanières pour les esclaves ou les étrangers.

§ III. — *Amende infâmante.*

De très bonne heure, les Romains avaient connu et employé les amendes qui, dans les premiers temps, consistaient en bœufs ou en brebis. Plus tard, lorsque l'argent fut plus répandu, les amendes devinrent purement pécuniaires, et elles eurent cela de particulier, c'est que l'application en fut laissée à l'appréciation des juges, tandis que la peine ne pouvait être infligée que par une loi spéciale.

Bien plus, les préfets et les présidents de provinces *qui extra ordinem cognoscunt*, pouvaient changer l'amende en une peine quand la condamnation frappait des individus indigents et dont les biens vendus à l'encan n'auraient pu parfaire le montant de l'amende (L. 1, § 3, *de Pœnis*, D.). Mais dans ce cas, les condamnés évitaient l'infamie. C'était en effet un principe que, dès qu'on appliquait une peine plus grave que celle prononcée par la loi, l'infamie disparaissait. Les jurisconsultes voyaient là comme une espèce de transaction de la part du coupable qui conservait son *existimatio* intacte en subissant un châtiment plus considérable (D. L. 10, § 2, *de Pœnis*, et loi 13, § 7, *de His qui not. inf.*).

§ IV. — *Dégradation d'une dignité.*

Ce genre de peine consistait dans l'interdiction d'une fonction honorifique pour un temps ou à perpétuité. Cette condamnation ne faisait subir à celui qui en était l'objet aucune *capitis deminutio* (L. 3, D., *de Senatoribus*), et si un sénateur était déposé il pouvait continuer à habiter Rome et ne perdait pas le droit de cité. C'était une sorte de peine disciplinaire, sans autre conséquence.

Non-seulement on pouvait déposer quelqu'un d'une fonction qu'il occupait, mais souvent et par avance on interdisait au coupable la faculté de briguer et d'obtenir des dignités (*honores*). Cette peine n'apportait encore aucun changement à la situation de celui qui en était l'objet, et un décurion ainsi condamné ne cessait pas d'être décurion, mais il ne pouvait parvenir à d'autres fonctions honorifiques (L. 7, § 21, D., *de interd. et releg.*).

Enfin si une condamnation de ce genre frappait une personne revêtue d'une de ces dignités qui n'allaient pas sans quelques charges (*honor cum munere*), on décidait généralement que le coupable était privé des honneurs, mais continuait à supporter les charges.

§ V. — *Interdiction d'un acte.*

Ces peines étaient des plus variées; elles s'appliquaient généralement aux avocats auxquels on interdisait de plaider devont tel ou tel tribunal, ou d'assister certaines personnes. Quelquefois on leur interdisait complètement la plaidoirie, ou seulement de donner des consultations, et ce genre de punition pouvait être perpétuel ou temporaire.

Les mêmes pénalités pouvaient également atteindre les praticiens et les tabellions, et on pouvait aller jusqu'à défendre à ces derniers de s'occuper de toute affaire publique.

Enfin il n'était pas nécessaire d'exercer une profession pour être frappé de peines semblables. Par mesure de précaution, on pouvait interdire à certaines personnes tel genre de commerce ou même de s'occuper d'un négoce quelconque. D'autres individus dont l'honorabilité était douteuse, pouvaient également se voir interdire de figurer parmi les membres des sociétés qui prenaient à bail la perception des impôts.

Mais évidemment toutes ces peines étaient

minimes. C'étaient plutôt des déchéances que des châtiments, et il serait facile de trouver dans notre législation pénale des dispositions ayant quelque analogie avec ces privations de certains droits.

TROISIÈME PARTIE

DE L'APPLICATION DE LA PEINE ET DES ATTÉNUATIONS ET AGGRAVATIONS QU'ELLE POUVAIT SUBIR.

Nous avons successivement passé en revue et énuméré les différents châtiments en usage chez les Romains; nous avons indiqué leur gravité relative, leurs conséquences civiles; il nous reste encore à examiner un point extrêmement important et qui est comme la conclusion nécessaire de notre travail précédent; nous voulons parler de la manière dont ces peines étaient appliquées par le juge et surtout des circonstances qui pouvaient en modifier l'application, soit en les atténuant, soit en les aggravant.

Dans tous les jugements publics, jugements par le peuple ou *questiones perpetuæ*, la loi fixait elle-même la peine qui devait frapper le coupable et les magistrats n'avaient en quelque sorte pas à se prononcer sur le châtiment. Dans les *questiones perpetuæ* par exemple, qui furent la procédure criminelle le plus longtemps en usage à Rome, lorsque le débat était terminé les *judices jurati* étaient invités à voter. Ce vote qui dans le principe avait lieu de vive voix fut remplacé plus tard par un vote secret (loi *Cassia*) et voici comment il se pratiquait.

Chaque membre de la *questio perpetua* devait condamner, absoudre ou renvoyer à plus ample information. Pour exprimer son opinion le juré recevait une petite tablette de bois empreinte de cire sur laquelle il inscrivait lui-même son vote représenté par une lettre : A (*absolvo*) — C (*condemno*) —) NL (*non liquet*) ; puis il jetait cette tablette ainsi gravée dans l'urne en ayant soin de la tenir loin de tous regards. Le rôle du préteur se bornait alors à procéder au dépouillement du vote dont il proclamait à haute voix le résultat par ces mots : *fecisse jure* ou *non fecisse videtur*. Si les *judices jurati* avaient renvoyé l'affaire à plus ample information, le préteur l'annonçait en disant : *amplius*. Mais en cas de condamnation il n'avait pas à indiquer la peine qui frappait le coupable ; il suffisait de se reporter à la loi en vertu de laquelle on l'avait mis en jugement.

Cette procédure était évidemment très défectueuse car

> Ainsi que la vertu le vice a ses degrés,

et lorsque le crime ou le délit ne tombait pas *absolument* sous l'application directe de la loi on arrivait forcément à une sentence d'absolution. Assurément un certain mombre de lois avaient bien prévu des cas d'excuses ou d'adoucissement de la peine, mais forcément ces cas étaient très restreints et comme on ne pouvait les étendre par analogie à des circonstances du même genre il en résultait une gêne véritable dans l'application de la loi.

Aussi même du temps des jugements publics, avait-on essayé de remédier à cet inconvénient au moyen des *cognitiones extraordinariæ* dans lesquelles le juge était investi d'un pouvoir absolu d'appréciation. Il n'avait plus à se préoccuper de la loi; il jugeait le degré de responsabilité du coupable et lui appliquait alors une peine adoucie ou aggravée suivant les cas.

Cette manière de procéder toute exceptionnelle au temps des *judicia publica* devint la règle lorsque la juridiction des *questiones perpetuæ* s'affaiblit d'abord pour disparaître ensuite totalement. C'est ce que nous apprend Ulpien (Loi 13, D., *de pœnis*): « Hodie licet ei qui extra ordinem de crimine « cognoscit, quam vult sententiam ferre, vel gra- « viorem, vel leviorem; ita tamen ut in utroque « modo rationem non excedat. »

L'usage de ces *cognitiones extraordinariæ* fit faire un grand pas dans la voie de l'humanité à la législation criminelle des Romains et à partir de ce moment on voit les jurisconsultes se préoccuper des règles qui doivent servir de base à l'appréciation du magistrat. Le juge ne doit écouter que sa conscience et il ne doit pas se laisser entraîner par la perspective d'une vaine renommée de sévérité ou de clémence. S'il peut, dans les délits de peu de gravité, écouter la voix de l'indulgence, dans les crimes très-graves, il doit au contraire appliquer la loi dans toute sa rigueur et ne se permettre quelque tempérament qu'à bon escient (Marcien, loi 11, *de pœnis*, D.). Enfin c'est à ce moment que parurent, quelques règles absolument générales et qui font le plus grand honneur à l'esprit des criminalistes qui les formulèrent. « In pœnalibus « causis benignius interpretandum est», dit Paul, et Hermogenien revenant sur la même idée pose en principe que: « Interpretatione legum pœnæ « amolliendæ sunt potius quam asperandæ. » (Loi 42, D. *de pœnis*).

Mais ce ne sont là que des principes généraux indiquant des tendances et ne précisant pas en réalité les données sur lesquelles le juge devait se baser pour apprécier la criminalité de l'acte. Un texte de Claudius Saturninus est plus précis et énumère les diverses circonstances de nature à influer sur le degré de culpabilité et par conséquent sur la gravité du châtiment. C'est la loi 16, § 1, *de pœnis*, D. Après avoir divisé les crimes en quatre catégorie : *Facta*, — *Dicta*, — *Scripta*, — *Consilia*, le jurisconsulte ajoute : « Hæc quatuor « genera consideranda sunt septem modis: *causâ*, « *personâ*, *loco*, *tempore*, *qualitate*, *quantitate et* « *eventu*. » Nous n'avons pas à étudier ici ces quatre catégories de crimes. Nous n'avons absolument à examiner que les différents points de vue auxquels le juge devait se placer, quand il se trouvait en présence du criminel, pour apprécier la culpabilité et appliquer une peine proportionnée.

Nous allons suivre pour cela la division de Cl. Saturninus, et il nous sera facile de grouper sous ces différents chefs toutes les modifications que pouvait subir la pénalité à Rome, soit du fait de la loi même qui, comme nous l'avons déjà dit, admettait quelquefois des adoucissements, soit celles plus nombreuses qui résultaient de la libre appréciation du juge jugeant *extra ordinem*.

§ Ier. — *De la cause dans le délit.*

La cause était assurément un des éléments les plus importants de la criminalité. Elle se confond absolument avec l'intention, et de tout temps les Romains avaient surtout tenu compte de l'intention dans l'appréciation du crime et dans l'application de la peine. Les textes abondent en ce sens : « Delinquitur autem aut proposito, aut im- « petu aut casu, » dit Marcien » (Loi 11, § 2, D. *de pœnis*), et Ulpien précise ainsi : « Refert et in ma- « joribus delictis, consulto aliquid admittitur an « casu; et sane in omnibus criminibus, distinctio

« hæc pœnam aut justam eligere debet, aut tempe-« ramentum admittere.» (Loi 5, § 2, D., *de pœnis*).

L'importance de la cause était telle que dans certains cas le criminel pouvait se trouver complètement justifié. Les cas sont encore assez nombreux et on en trouve des exemples aussi bien dans les anciennes lois qu'au moment des *cognitiones extraordinariæ.*

En première ligne nous trouvons le cas de légitime défense. De tous temps les Romains avaient admis ce principe de droit naturel qu'on peut repousser la violence par la violence : il se trouve en partie compris dans le texte de la loi des Douze-Tables qui permet de tuer, sans s'exposer à aucune peine, le voleur exerçant son larcin de nuit. L'idée qui a fait admettre cette disposition dans la loi des Douze-Tables est assurément complexe et est basée sur l'horreur qu'inspire le voleur de nuit et l'effroi que doit éprouver la victime. Mais assurément le principe de légitime défense n'y est pas étranger. Quant au voleur surpris pendant le jour on ne peut le tuer qu'autant qu'il se défend avec des armes. Cette rigueur de la loi des Douze-Tables s'était un peu atténuée plus tard et Ulpien formule ainsi la règle qui servait de base à l'impunité : « Furem nocturnum si quis « occiderit, ita demum impune feret si parcere ei « sine periculo suo non potuit. » (Loi 9, D., *ad leg. Corn. de sic.*).

Si du voleur nous passons à l'assassin nous voyons également que la loi *Cornelia de sicariis* n'est pas applicable à celui qui commet un homicide, mais pour sa propre sûreté : « Is qui ag« gressorem vel quemcumque alium in dubio vitæ « discrimine constitutus occiderit, nullam ob id « factum calumniam metuere debet » (Loi II, Code 9, 16), et un rescrit d'Hadrien étend l'impunité à celui qui n'a tué un homme que pour repousser les atteintes portées à sa pudeur ou à celle de ses proches (loi I, § 4, D. *ad leg. Corn. de sic*).

A propos de légitime défense un texte d'Ulpien a soulevé d'assez vives controverses. Il nous est rapporté dans la loi 5, D. *ad legem Aquiliam* : « Si « metu quis mortis furem occiderit, non dubita« bitur quin lege Aquilia non teneatur. Sin autem « cum posset adprehendere, maluit occidere, magis « est, ut injuria fecisse videatur ergo et *Cornelia* « tenebitur. » Un grand nombre d'auteurs proposent de lire : « Ergo et *Aquiliâ* tenebitur. » Ulpien, disent-ils, s'occupe de la loi Aquilia et des délits qu'elle réprime ; à un cas dans lequel elle ne saurait s'appliquer il oppose naturellement une autre circonstance où le juge y avait recours, et dans le texte, substituant le mot *Aquilia* au mot *Cornelia*, ils refusent la possibilité d'une poursuite criminelle.

Il nous est impossible de partager cette opinion. Assurément, si la victime est un esclave, l'affaire pourra se terminer, en vertu de la loi *Aquilia*, par une transaction entre le propriétaire de l'esclave et son meurtrier, mais nous croyons que la poursuite criminelle sera également possible. En effet, le texte précité d'Ulpien prévoit deux cas très différents : dans le premier, il n'y a pas la moindre faute de la part de l'auteur et par conséquent aucune responsabilité. Mais, entraîné naturellement par son sujet, Ulpien indique immédiatement un fait criminel pour lequel la répression de la loi *Aquilia* ne suffirait certainement pas. Qu'on ne nous oppose pas la loi 7, *ad leg. Corn. de sic.* : cette loi décide qu'en matière d'homicide, la faute même lourde, séparée de l'intention, ne saurait donner ouverture à une poursuite criminelle. Mais la faute lourde, au sens où l'entend cette loi, résulte d'une imprudence considérable, il suffit de regarder les exemples qu'elle en donne. Or, on ne saurait considérer comme une imprudence le fait de tuer un voleur qu'on pourrait arrêter sans difficulté. Il y a là homicide, homicide volontaire, et donnant lieu par conséquent à l'application de la loi Cornelia. Cette application pourra être tempérée, nous n'en disconvenons pas, mais la poursuite sera criminelle. Au surplus un passage de la *Collatio legum mosaïcarum et romanarum* reproduit l'opinion d'Ulpien et se sert également des mots : *Cornelia tenebitur*, (VII, III, § 3). Nous nous refusons à voir une erreur dans ces deux textes.

La cause résultant de la légitime défense n'était pas la seule à produire la non-imputabilité et à effacer toute idée de crime. C'est ainsi que le père et le précepteur ne tombaient sous l'application d'aucune loi pénale pour les corrections corporelles qu'ils infligeaient à leurs fils ou à leurs élèves. On ne considérait cela que comme de simples réprimandes (Loi 16, § 2, D. *de pœnis*, loi 5, *in fine*, D. *ad leg. Aquil.*) ne pouvant donner lieu à aucune poursuite criminelle. Cependant il ne fallait pas que les précepteurs dépassassent certaines limites, car alors ils devenaient répréhensibles et Paul nous dit catégoriquement : « Præceptoris « enim nimia sævitia culpa adsignatur. » (L. 6, D. *ad leg. Aquil.*).

Le motif tiré de ce qu'on avait eu en vue la sécurité et le bien de l'Empire était aussi une cause de justification totale et la loi *Cornelia* ne frappait pas ceux qui avaient tué des transfuges (loi 3, § 6, *ad leg. Corn. de sic.*).

Enfin la justification était également complète pour le magistrat qui condamnait à mort en vertu de la loi et pour le licteur qui exécutait la sentence. Mais le magistrat ne bénéficiait de cette exemption qu'autant qu'il ne s'était livré à aucune manœuvre dans le but d'arriver plus facilement à la condamnation à mort : sinon il pouvait être poursuivi en vertu de la loi *Cornelia* (Loi 4, D. *ad leg. Corn. de sic.*).

Quant aux manœuvres auxquelles nous venons de faire allusion, ce pouvait être soit la production de faux témoins dans le cas des *cognitiones extraordinariæ*, soit une pression quelconque sur les *judices jurati* si l'affaire se déroulait devant une *quæstio*.

A côté de ces causes qui justifiaient complètement l'auteur du crime et lui assuraient l'impunité, il y en avait d'autres qui ne faisaient qu'atténuer sa culpabilité et qui le laissaient exposé à quelques poursuites. Nous avons vu qu'Ulpien distingue entre les crimes et les délits commis *casu aut consulto*. Les crimes commis *casu* ne tombaient sous l'application d'aucune peine, mais pour cela il fallait qu'ils fussent commis absolument par hasard et qu'on se trouvât dans un cas de force majeure. Si à l'effet d'un hasard malheureux venait se joindre une faute ou une imprudence quelconque de la part de l'auteur l'excuse n'était plus complète. Cependant il y avait encore une grande différence dans la peine. Les coupables, dans ce cas, n'étaient plus poursuivis en vertu d'une loi; ils étaient jugés *extra ordinem* par un magistrat qui leur appliquait une peine toujours fort adoucie. C'est ainsi que Paul dit formellement que la faute lourde (*culpa lata*) ne saurait être assimilée à l'intention de nuire et que toutes les fois que cette intention n'existe pas le coupable ne tombe pas sous l'application de la loi *Cornelia*. Il donne comme exemple le fait, en élaguant un arbre, de négliger d'avertir qu'il allait tomber une branche, laquelle branche aurait tué un passant (Loi 7, *ad leg. de Corn. de sic.*).

De ce que le coupable d'homicide par imprudence, car en réalité c'est bien le cas dont il s'agit, ne pouvait être puni criminellement *ex lege Cornelia*, il n'en résultait pas qu'il était complétement indemne. Il était tenu de réparer le dommage causé, mais ce n'était plus là qu'un délit privé qui se terminait par une transaction pécuniaire.

Enfin celui qui avait tué quelqu'un dans une rixe mais sans se servir d'une arme ne tombait pas non plus sous la loi Cornelia. « Leniendam « pœnam ejus qui in rixâ casu magis quam vo- « luntate homicidium admisit. » (Loi 1, § 3, *ad leg. Corn. de sic.*).

§ II. — *De l'auteur du délit.*

« Persona dupliciter spectatur, dit Claudius « Saturninus, ejus qui fecit et ejus qui passus « est » (Loi 16, § 3, D. *de pœnis*), et dans chacun des sujets, actif et passif, il fallait considérer : l'âge, l'état de l'esprit, le degré de parenté et surtout le rang et la condition sociale.

I. — L'âge de la personne qui avait commis un

crime ou un délit était souvent une cause d'excuse complète : les textes sont nombreux qui nous montrent que l'enfant n'est pas assimilé au pubère au point de vue de la responsabilité : « Fere in omnibus pœnalibus judiciis, » — dit Paul, — « et ætati succuritur » (Loi 108, D. *de reg. juris*), et Claudius Saturninus toujours dans la loi 16, *de pœnis*, dit également : « In « ejus rei consideratione ætatis quoque ratio ha- « beatur. »

Ces principes avaient été appliqués à plusieurs espèces. Ainsi l'enfant coupable d'homicide n'était pas frappé par la loi *Cornelia de sicariis*. Son défaut de jugement (*innocentia consilii*) le protégeait contre les pénalités édictées en pareil cas (L. 12, D., *ad. leg. Corn. de sic.*).

De même et d'une façon générale, l'enfant était réputé ne pouvoir commettre un crime entraînant une condamnation capitale. « Capitalem fraudem « admisisse accipiemus, dolo malo et per nequi- « tiam : unde Pomponius ait nec impuberem ca- « pitalem fraudem videri admisisse. » (L. 27, § 2, D., *de Ædil. edicto*).

Mais il ne faudrait pas croire que cette impunité s'étendit indistinctement à tous les impubères. Le système de la législation criminelle des Romains est facile à saisir, et se trouve tout entier résumé dans la loi 7, Code, *de pœnis*. « Impu- « nitas delicti propter ætatem non datur, si modo

« in eâ quis sit in quam crimen quod intenditur « cadere potest. »

C'est qu'en effet l'âge n'était une cause d'excuse qu'autant qu'il impliquait l'absence absolue de discernement chez l'auteur du crime. L'enfant impubère avait-il pu comprendre la portée de son acte, il devait alors prouver son innocence et ne pouvait plus se retrancher derrière son âge : « Si « quis te reum legis Corneliæ de sicariis fecerit, « innocentiâ purgari crimen, non adultâ ætate « defendi convenit. » (L. 6, Code, *ad leg. Corn. de sic.*). Il en était de même en matière de condamnations capitales qui, en principe, comme nous l'avons vu, ne pouvaient frapper les impubères, et le jurisconsulte Marcien cite un exemple où un impubère fut condamné au dernier supplice « et tamen non sine ratione. » (L. 14. D., *de S. C. Silaniano*).

Quant aux méfaits moins graves, comme le vol, ils avaient donné lieu à des contestations; il est facile de le voir dans la loi 23, *de furtis*. D. Cependant la même idée avait également triomphé et on décidait également, avec Paul : « Pupillum, qui « proximus pubertati sit, capacem esse et furandi « et injuriæ faciendæ. » (L. 111. D., *de reg. juris*). Ulpien n'hésitait pas non plus à déclarer « cum impubere culpæ capace, Aquiliâ agi pos« se. » (L. 23. D., *de furtis*).

II. — L'état d'esprit était également une justification, mais une justification du même genre que celle tirée de l'âge. L'impunité n'avait lieu que pour celui qui avait commis un crime dans un état de fureur ou de démence complète. La loi *Cornelia* ne le frappait pas : « Infans vel furiosus « si hominem occiderint, lege Corneliâ non tenen-« tur : quum alterum innocentia consilii tuetur, « alterum fati infelicitas excusat » (Loi 12, D. *ad leg. Corn. de sic.*), et le furieux, pas plus que l'enfant, ne pouvait être l'objet d'une condamnation capitale (Loi 23, § 2, D. *de ædilitio edicto*). Cette exemption complète de peine avait même été étendue pour le furieux au cas de parricide (Loi 9, D. *de lege Pomp. de parric.*) ce qui n'était du reste qu'une conséquence de son irresponsabilité légale.

III. — Le degré de parenté et les rapports entre le criminel et la victime étaient assurément avec la qualité de la personne dont nous nous occuperons postérieurement un des éléments qui influaient le plus sur la pénalité.

Cette circonstance que le coupable était parent ou client de sa victime aggravait le plus souvent le châtiment qu'on lui infligeait.

En cas de parricide, la peine de mort qu'on infligeait au meurtrier était précédée et accompagnée de supplices affreux. On commençait par battre le parricide de verges ensanglantées, on le cousait dans un sac avec un chien, un coq, une vipère et un singe, puis on le jetait à la mer quand on en était voisin (Loi 9, D. *de lege Pomp. de parric.*). Ce supplice qui remontait à la loi des XII Tables se maintint pendant tout l'Empire : une ordonnance de l'empereur Hadrien prescrivit pour les localités éloignées de la mer de livrer le coupable aux bêtes ou de le brûler vif, mais Constantin rétablit plus tard l'ancien supplice, et décida que le corps du parricide serait jeté dans un fleuve, si l'on se trouvait trop loin de la mer.

Il est juste cependant de dire que ce châtiment ne s'appliquait qu'aux parricides proprement dits, c'est-à-dire, à ceux qui avaient tué leur père, leur mère, leur grand-père ou leur grand'mère. Quant aux autres parents dont s'occupait la loi *Pompeia* (Loi 1) leur meurtre ne donnait lieu contre leurs assassins qu'à la peine de la loi *Cornelia*.

D'ailleurs d'une façon générale Ulpien nous apprend que tous les crimes ou délits commis envers un patron ou son fils, un père, un proche parent, un mari ou une femme doivent être punis plus sévèrement que ceux qui sont commis envers un étranger (Loi 28, § 8, D. *de pœnis*), et dans la loi 7 *in fine de injuriis*, le même jurisconsulte, voulant indiquer comment une injure revêt un caractère de gravité exceptionnel, cite justement l'injure à un père ou à un patron.

Mais si le plus souvent les rapports de parenté ou de clientèle existant entre le coupable et celui qui avait eu à souffrir du délit, aggravaient le châtiment, dans un certain nombre de cas, cette même qualité de parent de la victime donnait à l'auteur une impunité et des droits qu'il n'aurait pas eu vis-à-vis d'un étranger.

Nous avons déjà dit qu'un père pouvait frapper son fils sans s'exposer à aucune poursuite; la loi ne voyait là qu'une correction et non une injure. Anciennement les pouvoirs du père sur son fils avaient été beaucoup plus étendus; il avait d'une façon absolue le droit de vie et de mort. Les mœurs en s'adoucissant, atténuèrent bientôt la rigueur de la puissance paternelle, et sous Hadrien, nous voyons un père condamné à la déportation, pour avoir tué à la chasse son fils qu'il soupçonnait d'être l'amant de sa belle-mère (Loi 5, D. de. *leg. Pomp. de parric.*).

Mais c'est au point de vue de la loi *Julia de adulteriis* que la qualité de père ou de mari conférait une immunité tout-à-fait exceptionnelle.

Le père qui surprenait sa fille en adultère dans sa maison ou dans celle de son gendre pouvait la tuer impunément, ainsi que son complice, de quelque dignité que ce dernier fût revêtu (Paul, *Sent.*, lib. II, t. 26, § 1). La loi ne distinguait pas entre le père adoptif et le père naturel, mais ce droit exorbitant qu'elle leur donnait était soumis à certaines conditions.

1° Le père devait surprendre les deux coupables en flagrant délit, *in ipsis rebus Veneris*, et cela dans sa maison ou dans celle de son gendre (Loi 23, *ad leg. Jul. de adult.*).

2° Il devait avoir sa fille sous sa puissance, et être lui-même *pater familias*. Cependant Paul nous dit qu'on considérait le père *filius familias* comme armé des mêmes droits, quoique cela fût contraire aux termes stricts de la loi (Paul, *Sent.*, lib. II, t. 26, § 2).

3° Il devait tuer sa fille et son complice sur-le-champ (*in continenti*) (Loi 23, § 4, *ad leg. Jul. de adult.*). Que s'il ne tuait que le complice de l'adultère, il tombait sous le coup de la loi *Cornelia*. Enfin, s'il tuait un des coupables et blessait l'autre, il était encore punissable aux termes de cette même loi! Mais Marc Aurèle et Commode accordèrent par un rescrit l'impunité dans ce dernier cas.

Les pouvoirs du mari étaient moins étendus. Et d'abord il ne pouvait tuer que le complice de sa femme qu'il surprenait en flagrant délit; encore fallait-il que ce complice fût d'une condition vile. S'il tuait sa femme, il n'était pas tenu de la peine infligée par la loi *Cornelia de sicariis*, mais il subissait cependant un châtiment, et Marc-Aurèle et Commode décident dans un rescrit qu'il devait être condamné aux travaux publics à perpétuité, *si humilis loci sit*, et relégué dans une île, *si honestior sit* (Loi 38, § 8, D. *ad leg. Jul. de adult.*).

Le mari, avons-nous dit, ne pouvait tuer le complice de sa femme que si ce dernier était d'une condition vile, c'est-à-dire si c'était un histrion, un danseur ou un chanteur, s'il avait été condamné dans une instance publique et n'avait jamais été réhabilité, etc..... (Loi 24, *ad leg. Jul.* D.). Si cependant il avait tué, dans un juste emportement, une personne que la loi Julia lui ordonnait de respecter, la peine était considérablement diminuée, la légitimité de sa douleur atténuant son crime (Loi 4, Code, *ad leg. Jul. de adult.*). Ajoutons que le mari qui avait tué le complice de sa femme devait immédiatement la répudier et déclarer dans les trois jours avec qui et dans quel lieu il l'avait surprise en adultère.

Enfin Justinien étendit considérablement les droits du mari. Dans sa Novelle 117, il décida que le mari pourrait tuer *sine periculo* le complice de sa femme hors du flagrant délit. Il suffisait pour cela qu'il eut fait, par trois fois, défense de voir sa femme à celui qu'il supposait entretenir des relations adultères avec elle; s'il les surprenait ensuite ensemble, soit dans sa propre maison, soit dans celle de sa femme, soit enfin dans la maison du complice ou dans un cabaret, ou dans une maison des faubourgs, il pouvait se livrer à une juste vengeance. Les rencontrait-il partout ailleurs, il pouvait alors livrer le coupable à la justice et le faire condamner comme adultère.

Enfin, en matière de vol, le degré de parenté influait également beaucoup sur la répression. Un père ne pouvait exercer l'action *furti* contre son fils, car, dit Paul : « Non magis cum his quos in « potestate habemus quam nobiscum ipsi agere « possumus. » (Loi 16, D. *de furtis*). Et Ulpien ajoute ce motif pratique, que celui qui a le droit de juger le voleur n'a pas besoin de recourir à la justice. Le père de famille ne peut-il pas en effet, infliger au délinquant, de sa propre autorité, une peine de son choix.

De même un époux, à l'égard de son conjoint, n'avait pas non plus l'exercice de cette action. L'action *furti* était, en effet, infâmante et ne pouvait pas plus s'appliquer entre époux qu'entre le père et le fils. Le respect dû à la dignité du mariage n'aurait pu s'en arranger. Le vol, dans ce cas, ne donnait lieu qu'à une simple réparation civile qui s'obtenait, pendant le mariage, par la revendication ou la *condictio furtiva*, et, après le divorce, par l'action *rerum amotarum* (L. 25, D. *rer. amot.*) Enfin la loi 89 *de furtis* étend la suppression de l'action *furti* au cas où il s'agit d'un *furtum domesticum*, c'est-à-dire du vol commis soit par un client ou un affranchi contre son patron, soit par un domestique à gages contre son maître. Mais les textes semblent exiger que le voleur habite chez la victime du vol (L. 11, § 10, D. *de pœnis*).

IV. — Nous sommes arrivés au vice le plus criant de la législation criminelle des Romains, nous voulons parler de l'influence qu'exerçait sur la sévérité du châtiment, la condition sociale élevée ou inférieure du coupable. A Rome, l'égalité devant la peine n'exista jamais, et pour un même crime, le plébéien était frappé d'une condamnation, et le patricien d'une autre, considérablement adoucie.

Nous verrons bientôt dans des textes nombreux l'application de cette flagrante iniquité. Si elle n'avait eu lieu qu'en faveur des décurions et de leur famille, on aurait pu l'expliquer jusqu'à un certain point, au moins dans les derniers temps de l'empire. Le recrutement des décurions était devenu très-difficile à cette époque, à cause des responsabilités énormes qui pesaient sur eux, et on avait eu recours naturellement à des privilèges de toute sorte pour exciter un peu leur zèle. De là l'origine de la légitimation par oblation à la curie ; de là également vient la différence dans les châtiments. Mais de tout temps exista à Rome, au point de vue de la législation criminelle, la grande distinction entre les *honestiores* et les *humiliores*.

Paul dans son livre V des *Sentences*, fait une véritable énumération des peines différentes qu'on appliquait aux uns et aux autres pour le même crime.

En matière de sacrilège les *honestiores* étaient déportés, et les *humiliores* condamnés aux mines (Paul, *Sent.* lib. V, t. 19).

Les incendiaires étaient condamnés, ceux d'une condition élevée, à l'*in insulam relegatio* ; les autres aux mines ou aux travaux forcés à perpétuité (t. 20, § 2).

Ceux qui se faisaient les promoteurs de religions nouvelles et agitaient ainsi les esprits : « honestiores deportantur, humiliores capite puniuntur. » (tit. 21, § 2).

Les factieux et ceux qui fomentaient des soulèvements du peuple étaient mis en croix, exposés aux bêtes, ou seulement déportés dans une île *pro qualitate dignitatis* (t. 22).

La peine portée contre ceux *qui hominem irritum, libidinum aut promercii causâ castraverint,* variait également avec le rang du coupable : « honestiores publicatis bonis in insulam deportantur, humiliores capite puniuntur. » (t. 23, § 13).

Ceux qui pratiquaient des manœuvres abortives ou vendaient même de bonne foi des phyltres amoureux, étaient condamés, les *humiliores* aux mines, les *honestiores* à l'*in insulam relegatio, amissâ parte bonorum* ; et s'il y avait eu mort d'homme, les uns et les autres étaient frappés de la peine de mort (t. 23, § 14).

La loi *Cornelia testamentaria,* qui poursuivait toute falsification ou altération de testament distinguait également entre les *humiliores* et les *honestiores*; les premiers étaient condamnés aux mines ou à mort, les seconds à la déportation dans une île (t. 25, § 1, *in fine*).

Même distinction dans la loi *Julia de vi publicâ:* « honestiores insulæ deportatione coercentur; hu« miliores capite poniuntur, » et dans la loi *Julia de vi privatâ :* « humiliores in metallum damnan« tur; honestiores, tertiâ parte bonorum ereptâ, « in insulam relegantur. » (t. 26, §§ 1 et 3).

Enfin la loi *Fabia*, qui poursuivait celui qui avait vendu ou séquestré un citoyen romain ou un esclave qui ne lui appartenait pas, appliquait aux *humiliores* le supplice de la croix ou des mines, et aux *honestiores*, l'*in perpetuum relegatio, ademptâ dimidiâ parte bonorum* (t. 30, B.).

Il n'y avait qu'en matière de parricide que cette distinction si choquante n'existait pas : *honestiores* et *humiliores* étaient également frappés de la même peine, mais la loi *Cornelia de sicariis* elle-même reconnaissait des assassins privilégiés et quand elle condamnait au dernier supplice ou à être exposés aux bêtes les *humiliores*, elle ne prononçait contre les *honestiores* que la *deportatio in insulam* (Loi 3, § 5, *ad leg. Corn. de sic.*).

Le titre *de Pœnis* tout entier au Digeste est rempli d'exemption et d'adoucissements de peines en faveur des décurions.

Ulpien pose en principe qu'on ne peut condamner un décurion ni aux mines, ni aux travaux de mines, ni à la potence, ni a être brûlé vif (Loi 9, § 11, *de pœnis*, D .) et un rescrit d'Antonin décide : « Decurionem in opus publicum dari non « oportere. » (L. 3, Code, *de pœnis*).

Que si un décurion s'était rendu coupable d'un fait de nature à le faire condamner à la relégation hors de sa province ou dans une île, le président devait en référer à l'empereur et lui envoyer sa sentence avant de la faire exécuter (Loi 27, § 1, D. *de pœnis*). Le privilège n'était pas attaché seulement à la personne du décurion, il s'étendait aussi *parentibus et liberis decurionum*, et par *liberi* Ulpien fait observer qu'il faut entendre non seulement les fils, mais bien tous les enfants même ceux qui seraient nés avant que le père ait été élevé à la curie (Loi 9, §§ 12, 13 et 14, D. *de pœnis*).

Mais ce privilège si choquant cessait avec la dignité. Tout décurion qui avait cessé de l'être, était punissable comme un simple plebéien et il ne pouvait même plus exciper de sa qualité de fils de décurion pour obtenir une atténuation de la peine.

A côté des décurions existait une autre classe de privilégiés qui assurément étaient dignes d'un véritable intérêt. C'étaient les vétérans et leurs enfants, mais au premier degré seulement. Ils ne pouvaient être condamnés ni aux mines ni aux travaux publics; ces deux peines étaient remplacées pour eux par la *relagatio in insulam* (Loi 5, Code, *de pœnis*).

Quelquefois la condition sociale de la personne pouvait au contraire attirer sur elle une répression plus sévère. C'est ainsi que les militaires étaient punis de mort s'ils s'étaient engagés pour jouer la comédie ou s'étaient laissé vendre comme esclaves (Loi 14, D. *de pœnis*).

Mais d'une façon générale, tout citoyen en possession d'une dignité quelconque était exempt de certains supplices qu'on n'infligeait qu'aux plébéiens et aux gens de la condition la plus vile. Telles étaient la fustigation et la condamnation à être brûlé vif.

Terminons sur ce sujet par la règle que pose Ulpien pour l'application de la peine, quand le coupable a changé de condition entre le moment où il a commis son crime et celui où la sentence est rendue : « Quoties de delicto quœritur, placuit « non eam pœnam subire, quam conditio ejus « admittit eo tempore quo sententia de eo fertur, « sed eam quam sustineret, si eo tempore esset « sententiam passus, cùm deliquisset » (Loi 1, D., *de pœnis*); et il donne comme exemple le cas d'un esclave qui après avoir commis un crime obtient sa liberté. Il doit être jugé et condamné comme un esclave et non comme un homme libre.

Nous avons indiqué les principales modifications que pouvait faire subir à la peine le rang du coupable, la condition de la victime n'était pas non plus indifférente. Nous n'en voulons pour preuve que le texte de Claudius Saturninus cité plus haut: « Persona dupliciter spectatur ejus « qui fecit et ejus qui passus est. »

Au surplus Gaius dans son Commentaire III, § 213, nous en donne un exemple. Le meurtrier d'un esclave pouvait s'arranger avec le maître, et éviter la peine qu'il avait encourue au moyen d'une réparation pécuniaire. Rappelons également que la loi *Cornelia* ne frappait pas ceux qui avaient tué des transfuges, « ubicumque inventi fuerint. » (L. 3, § 6, *ad leg. Corn. de sic.*).

§ III. — *Du lieu.*

Le lieu où le crime avait été commis pouvait également influer sur la nature et la gravité du châtiment. Ainsi un vol pouvait devenir un véritable sacrilège, si le voleur avait enlevé une chose sacrée dans un lieu également consacré, et dans ce cas il était puni de mort.

De même les jurisconsultes romains, très partisans du *discite justitiam moniti*, avaient décidé que l'on devait réprimer plus sévèrement les crimes d'une certaine nature dans les localités et les provinces où ils se reproduisaient plus fréquemment.

C'était en quelque sorte faire de la moralité du pays un élément du délit.

Enfin la législation criminelle protégeait d'une façon particulière les richesses propres à certaines provinces. Ainsi en Afrique, le grenier de l'empire, ceux qui incendiaient les moissons étaient frappés d'une peine plus forte que partout ailleurs. En Mysie il en était de même pour ceux qui détruisaient les vignes, et nulle part les faux-monnayeurs n'étaient punis aussi sévèrement que dans les provinces riches en mines d'or ou d'argent (Loi 16, § 9, D. *de pœnis*).

En matière d'injure il importait aussi de savoir où l'injure avait été commise. Était-ce *in ludis aut in conspectu*, elle était réputée atroce et punie d'une peine bien plus grave que l'injure faite *in solitudine* (Loi 7, § 8, *de inj.* D.).

§ IV. — *Du temps.*

Les textes relatifs aux modifications que l'époque où le méfait a eu lieu peut exercer sur la condamnation sont peu nombreux, et il n'y a guère à donner que les deux exemples cités par Claudius Saturninus dans la loi 16, *de pœnis*.

Le premier est assurément le plus frappant. De tout temps la législation criminelle a distingué entre celui qui commet un vol en plein jour, et celui qui profite de la nuit, pour pénétrer dans une maison et y commettre un vol quelconque. Nous avons déjà dit que l'on pouvait sous l'empire de la loi des XII Tables tuer impunément le voleur de nuit qu'on surprenait en flagrant délit. Au contraire on ne pouvait en user de même avec le voleur de jour qu'autant qu'il se défendait à main armée (*telo*) et mettait en péril l'existence de celui qui le surprenait (Loi 54, § 2, D., *de furtis*). Plus tard, il est vrai on se relâcha de cette rigueur à l'égard du voleur de nuit; mais il continua cependant à être traité plus sévèrement que le voleur de jour.

C'était aussi le temps écoulé depuis qu'il avait quitté la maison de son maître qui distinguait un esclave vagabond d'un esclave fugitif. L'esclave vagabond n'était passible que de simples corrections corporelles, tandis que l'esclave fugitif, avant Justinien, était condamné à avoir les deux pieds coupés. La Novelle 134 interdit ce supplice et le remplaça, comme nous l'avons dit plus haut, par l'amputation d'une main.

§ V. — *De la qualité dans le délit.*

C'était au juge à discerner le caractère du délit et sa qualité. La qualité, d'après une définition moderne, est ce qui fait qu'un acte criminel forme tel délit plutôt que tel autre.

Les Romains n'avaient pas une idée très-nette de ce qui doit servir à discerner la qualité d'un crime ou d'un délit, et souvent ils appréciaient cette qualité d'après l'importance du fait, d'après ce qu'on appelle aujourd'hui la quantité, et non d'après sa nature et son caractère. Ainsi le vol manifeste et le vol non manifeste formaient deux délits très-distincts et cette distinction remonte jusqu'à la loi des XII Tables. Le voleur manifeste était attribué à la victime du vol dont il devenait en quelque sorte la chose (Gaius, Com. III, §§ 189-190). Le voleur non manifeste, au contraire, était simplement condamné à payer à la victime du vol une somme égale au double du préjudice causé. Plus tard lorsque le voleur manifeste ne fut plus adjugé à sa victime, il continua à encourir une peine plus forte : il était condamné à payer le quadruple du dommage causé à la personne volée, tandis que le voleur non manifeste ne subissait toujours que la peine du double.

De même le juge devait distinguer entre une simple rixe et une attaque à main armée, entre un simple vol et un pillage.

Pour certains délits les Romains se rapprochaient davantage de la véritable appréciation de la qualité. Ainsi en matière de coups et blessures les jurisconsultes distinguaient très-justement si l'on se trouvait en présence du fait matériel de coups reçus et rendus, ou si ces coups avaient été portés par le coupable en vue de produire moins une souffrance corporelle, qu'un outrage pour la victime. Dans ce cas le caractère de ces deux faits est très-différent, et c'était avec raison que les juges appliquaient aux coupables des peines également différentes.

§ VI. — *De la quantité dans le délit.*

Les jurisconsultes romains n'avaient qu'une notion fort inexacte, à notre point de vue, de ce qu'est la quantité dans un crime.

La quantité est l'appréciation de l'importance du crime au point de vue du mal qu'il produit. Quand le juge a discerné la qualité du fait, il lui reste encore à peser sa gravité relativement à d'autres crimes, s'il veut appliquer au coupable une peine proportionnée.

A Rome, cette idée un peu abstraite n'était pas connue, et pour le juge, la mesure de la quantité était donnée par l'importance purement matérielle du crime; l'idée du mal social produit était remplacée par l'estimation du dégât et du dommage causés.

Aussi, à ce point de vue, la tâche du juge était-elle plus simple que pour discerner la qualité du fait. Les exemples cités par Claudius Saturninus sont frappants. Il faut distinguer, dit-il, dans l'application de la peine, le *fur* de l'*abigeus*, et par *fur* il entend celui qui ne vole, par exemple, qu'une seule tête du troupeau, tandis que l'*abigeus* enlève le troupeau tout entier (Loi 16, § 7, *de pœnis*, D.).

De même pour les vols domestiques, « *si viliora sint* », s'ils sont de peu d'importance, le maître ne pouvait pas exercer l'action *furti* contre son esclave ou son domestique à gages (Loi 11, § 1, *de pœnis*, D.).

On peut juger par ces exemples que la quantité dans le crime était en somme une question toute matérielle et que les éléments d'appréciation n'offraient le plus souvent au juge que fort peu de difficulté.

§ VII. — *Des suites du délit.*

Nous sommes arrivés au dernier élément que Claudius Saturninus recommande à l'attention du juge chargé de prononcer une condamnation.

Cette idée d'envisager les conséquences du fait pour appliquer ou non une peine est toute naturelle en matière de crimes ou de délits commis involontairement ou par imprudence. L'intention de nuire faisait sûrement défaut à l'auteur, mais cependant il y a eu dommage causé, et ce dommage appelle une réparation. Toutefois ce n'est pas la peine résultant de la loi qu'on prononcera contre le coupable : dans un cas semblable la loi est sans application. C'est donc le juge qui condamnera *extra ordinem*.

Mais il y a d'autres crimes que ceux commis par imprudence, dont il faut envisager les suites. Au cours de cet exposé nous avons trouvé un exemple très frappant de l'influence que pouvait exercer l'événement qui a suivi le crime. Paul nous apprend, en effet (Sent. lib. V, t. 23, § 14) que ceux qui pratiquaient des manœuvres abortives ou qui vendaient des breuvages destinés à inspirer l'amour, pouvaient voir leur peine s'élever jusqu'au dernier supplice s'ils avaient ainsi amené la mort de l'homme ou de la femme qui s'étaient confiés à eux.

APPENDICE.

DE LA TENTATIVE.

Les Romains avaient assurément distingué entre le crime accompli et le crime simplement tenté, mais il est assez difficile au premier abord de se rendre compte des modifications que la seule tentative faisait subir à la peine.

Un grand nombre de textes frappent du même châtiment le crime commencé et le crime consommé. Ainsi nous trouvons dans la loi 1, § 3, D. *ad leg. Corn. de sic.* : « Qui hominem non occidit « sed vulnerat ut occidat, pro homicidio damnan- « dum. » La loi *Pompeia de parric.*, frappe également de la peine du parricide celui « Qui emit « venenum ut patri daret, quamvis non potuit « dare » (Loi 1, D.), et la loi *Julia Majestatis* dit formellement : « Eadem enim severitate voluntatem « sceleris, qua effectum, puniri jura voluerunt. » (Loi 5, Code). Enfin, toujours dans cet ordre d'idée, nous avons encore le célèbre rescrit d'Hadrien qui porte : « In maleficiis, voluntas spectatur « non exitus. » (Loi 14, D., *ad leg. Corn. de sic.*).

Mais à côté de ces textes nous en trouvons qui sont absolument en contradiction avec eux. Ainsi Ulpien pose en principe : « Cogitationis pœnam

« nemo patitur » (Loi 18, D. *de pœnis*), et Claudius Saturninus en recommandant au juge de tenir compte de l'*eventus* et de la *quantitas* dans l'application de la peine, fait évidemment allusion à la différence qui existe entre le crime commencé et le crime consommé.

Enfin, deux textes sont aussi explicites que possible : c'est la loi 1, D. *de extraord. crim.* : « Per« fecto flagitio punitur capite, imperfecto in in« sulam deportatur » et la loi 21, D. *de furtis*, qui distinguant nettement les actes préparatoires de l'exécution, affranchit les premiers de toute peine : « Qui furti faciendi causâ conclave intra« vit, » — y lit-on, — « nondum fur est, quamvis « furandi causâ intravit. » (Loi 21, § 7, D., *de furt.*).

De tous ces textes, il résulte d'abord que les Romains ne distinguaient pas d'une façon bien précise, entre les actes préparatoires et le commencement d'exécution. Tantôt ces différents actes étaient assimilés au crime lui-même, et tantôt ils pouvaient motiver à l'égard du coupable une diminution ou même une exemption totale de peine. Quant à la simple intention, *nuda cogitatio*, il semble assez généralement admis, qu'elle ne pouvait motiver aucune pénalité, bien qu'elle fût dûment constatée. Mais quelles règles dirigeaient les jurisconsultes romains dans ces distinctions si délicates ? C'est ce qu'il est assez difficile d'indiquer ?

Remarquons, d'abord, que la tentative de délits privés ne pouvait donner lieu à aucune répression. D'après les idées romaines, ces délits naissent d'un dommage causé : or, le délit n'étant pas consommé, le dommage n'existait pas, et la tentative demeurait forcément impunie.

MM. Chauveau et Hélie (*Théorie du Code pénal*, t. I, p. 335) pensent, qu'en thèse générale, les Romains distinguaient le crime commencé du crime accompli. Toutefois, à l'égard des crimes atroces, la tentative aurait été punie comme le crime même. Cette distinction est bien arbitraire, et nous préférons de beaucoup l'explication donnée par M. Ortolan dans ses *Éléments de droit pénal* (t. I, nº 1014).

M. Ortolan base tout son système sur la division des crimes à Rome en *crimina ordinaria* et *crimina extraordinaria*. Les premiers étaient ceux dont les caractères étaient textuellement déterminés et la procédure spécialement organisée par une loi. Si des actes formant tentative se trouvaient compris dans les dispositions de la loi, ils tombaient sous le coup de l'exécution de cette loi, à titre de délits spéciaux et complets, et étaient punis de la même peine que le crime lui-même ; et c'est ce que nous voyons par les textes cités des lois *Cornelia*, *Pompeia* et *Julia Majestatis*. Pour les *crimina extraordinaria*, au contraire, ils relevaient de la juridiction d'un magistrat jugeant *extra ordinem*, et ce magistrat n'étant plus enchaîné par aucune loi pouvait et devait, même dans certains cas, appliquer à la tentative une peine moindre qu'au crime consommé, suivant que l'intention était plus ou moins caractérisée par un fait actif, par un pas vers le mal résolu.

Ce système, qui s'harmonise bien avec tout ce que nous avons déjà dit au sujet des pouvoirs du juge, jugeant *extra ordinem*, en matière d'atténuations de la peine, nous semble devoir être admis.

La conséquence naturelle est que les Romains n'avaient pas de théorie complète sur la tentative, du moins au moment des *judicia publica*. Telle loi, en effet, applique la même pénalité au crime consommé et à la tentative, qu'elle considère comme un crime spécial et complet, du moment que l'intention de nuire a été manifestée par un acte préparatoire quelconque, et telle autre loi, n'y faisant aucune allusion, la tentative se trouve exempte de toute peine.

Plus tard, lorsque se développèrent les *cognitiones extraordinariæ*, on sentit le besoin de ne pas assimiler la tentative au crime consommé, et les jurisconsultes posèrent quelques règles qui devaient diriger la conduite du juge : ce sont ces règles qui semblent en contradiction avec les premiers textes que nous avons cités. Mais ce ne sont là que quelques principes généraux sur lesquels il est impossible d'échaffauder une théorie complète de la tentative.

DE LA RÉCIDIVE ET DE LA CONTUMACE.

La récidive avait également une influence assez considérable sur le châtiment. C'était un principe chez les jurisconsultes romains que : « *Consue-« tudo peccandi, auget peccatum et pœnam,* » et Callistrate nous donne un exemple frappant de l'augmentation de peine que pouvait provoquer la même faute plusieurs fois répétée. Des jeunes gens qui favorisaient, par leurs clameurs, les troubles et les émeutes populaires, et qui n'encouraient guère pour cela que la fustigation, pouvaient être exilés et même punis de mort, si cette conduite devenait chez eux une habitude incorrigible (Loi 28, § 3, D. *de pœnis*).

Quant à l'état de contumace, il ne ressemblait en rien à ce que nous entendons par ce mot aujourd'hui. Le principe : « *Absentem in criminibus « damnari non debere* » a toujours dominé le droit criminel romain, et l'on regardait comme inique de condamner un coupable sans l'avoir entendu (L. 1, D. *de requir. vel absent. damn.*). Le contumax était donc, non plus celui qui s'était soustrait par la fuite au jugement à intervenir, mais bien le coupable condamné, et qui tentait d'échapper à la peine qui lui avait été infligée.

Un rescrit d'Hadrien indique les degrés d'aggravation de la peine pour le contumax. A-t-il été relégué pour un temps ; il est relégué dans une île; — a-t-il été relégué dans une île, on le condamne alors à la *deportatio in insulam;* enfin, le déporté contumax est puni de mort (Loi 28, § 13, D. *de pœnis*).

Pour les peines moins élevées on suit une gradation analogue : le condamné aux travaux forcés *in tempus*, qui s'est évadé, est frappé d'une condamnation au double du temps qu'il avait encore à faire. Si sa peine était déjà de dix ans elle devient perpétuelle ou est changée en condamnation aux mines.

Sous Justinien le principe que l'on ne devait pas exercer de poursuites criminelles contre un absent, se relâcha un peu et après un certain délai on en arriva à prononcer des condamnations contre des individus non présents pour leur défense. Mais encore à cette époque, on continuait à entendre par contumax le coupable qui s'était soustrait à l'exécution de la sentence contradictoire rendue contre lui.

TABLE DES MATIÈRES.

DES

FONCTIONS DU PRÉSIDENT

EN MATIÈRE PÉNALE.

INTRODUCTION.

Notre juridiction répressive se compose de trois tribunaux différents dont les attributions sont nettement tranchées : le tribunal de police, le tribunal correctionnel et la Cour d'assises. Dans chacune de ces juridictions, le président a des fonctions diverses, qui varient considérablement suivant qu'il s'agit du président de Cour d'assises dont les pouvoirs sont tout à fait exceptionnels, ou du président du tribunal correctionnel dont les attributions sont peu étendues. Quant au juge de police, s'il paraît parfois armé de droits que n'a pas le président du tribunal correctionnel, cela tient uniquement à ce que, composant seul son tribunal, il peut agir tant comme présidant l'audience, qu'au nom du tribunal qu'il représente.

Il nous a paru intéressant de réunir dans un même travail, ces fonctions diverses. D'ailleurs si les pouvoirs conférés aux présidents des tribunaux de police, des tribunaux correctionnels ou des Cours d'assises ne sont pas égaux, à divers points de vue leurs attributions sont identiques : tout président d'audience, quelle qu'elle soit, est chargé 1° de la police de son audience, 2° de la direction des débats.

C'est donc à ces deux points de vue que nous allons étudier les fonctions du président devant chacune de nos juridictions répressives. Assurément, pour le président d'assises tout ne sera pas dit quand nous aurons exposé ses pouvoirs à cet égard ; mais, pour lui comme pour le juge de police et le président de tribunal correctionnel, la police de l'audience et la direction des débats forment encore la partie la plus importante et la plus délicate de ses fonctions, et les pouvoirs extraordinaires dont il est revêtu ne servent guère qu'à étendre ses attributions à ces deux points de vue.

TRIBUNAL DE SIMPLE POLICE.

La création des tribunaux de simple police, comme presque toute notre organisation judiciaire, fut l'œuvre de l'Assemblée constituante. Une loi des 19-22 juillet 1791 organisa les premiers tribunaux de police municipale qui furent l'origine de nos tribunaux de simple police. La composition de ces tribunaux variait avec la plus ou moins grande importance des villes où ils étaient établis. A Paris, ils étaient composés de neuf officiers municipaux ; dans les villes de plus de 60,000 âmes, ils n'en comptaient que cinq et trois seulement dans celles qui comptaient moins de 60,000 habitants. Les tribunaux ainsi constitués avaient comme attribution la connaissance et la répression des contraventions.

Cet état de choses ne dura pas longtemps. Dès les premiers jours où les tribunaux fonctionnèrent, on put s'apercevoir de l'ignorance et de l'insuffisance des officiers municipaux qui les composaient, et le Code des délits-peines du 3 brumaire an IV, sans les supprimer, les réorganisa complètement sur une autre base. Au lieu de juges choisis parmi les officiers municipaux, les nouveaux tribunaux furent composés d'un juge de paix et de deux assesseurs, et le commissaire du pouvoir exécutif près l'administration municipale fut chargé d'y remplir les fonctions de ministère public. Ces nouveaux tribunaux de police furent chargés de la connaissance « des délits dont la peine n'excède ni la valeur de trois journées de travail, ni trois jours d'emprisonnement » (art. 150, 151, 153 et 162, loi du 3 brumaire an IV).

Le Code d'instruction criminelle ne pouvait pas ne pas s'occuper des tribunaux de simple police. Déjà une loi du 29 ventôse an IX avait supprimé les deux assesseurs et donné au juge de paix seul la connaissance des infractions de simple police. Le Code de 1808 réforma encore cette juridiction mais en s'inspirant en quelque sorte des deux législations précédentes. C'est du moins ce qui ressort des termes du discours de l'orateur du gouvernement, M. Treilhard : « L'Assemblée constituante, dit-il, avait imposé aux municipalités une tâche au-dessus de leurs forces, du moins dans un très grand nombre de communes, lorsqu'elle leur avait délégué toute la compétence en matière de contravention de police. En l'an IV, on tomba dans une autre extrémité en ne leur laissant pas la portion de cette compétence qu'elles auraient pu exercer utilement, et en attribuant aux juges de paix seuls la connaissance entière de toutes les affaires de police. Nous devons aujourd'hui profiter de l'expérience du passé...... »

Le Code d'instruction criminelle s'inspira donc à la fois de la loi de 1791 et du Code des délits et peines de l'an IV : d'une part, les juges de paix furent investis de la connaissance des contraventions commises dans leurs cantons, mais concurremment avec eux, du moins, dans le plus grand nombre de cas, les maires eurent aussi le droit de réprimer les contraventions commises dans l'étendue de leurs communes. Etaient considérées comme contraventions aux termes de l'art. 137 du Code d'inst. criminelle : « les faits pouvant donner lieu soit à cinq jours d'emprisonnement ou au-dessous, qu'il y ait ou non confiscation des choses saisies et quelle qu'en soit la valeur. »

Ce droit de police des maires, réorganisé par le Code de 1808, ne fut jamais mis en pratique d'une façon bien régulière, et, en fait, les juges de paix seuls continuèrent à connaître des contraventions.

Aussi lorsque la loi du 27 janvier 1873, revenant en quelque sorte au Code des délits et des peines, abrogea la juridiction de police des maires, la réforme opérée fut absolument insensible, tant cette juridiction municipale était peu entrée dans les mœurs.

Ces détails sur l'origine des tribunaux de simple police étaient nécessaires, pour en bien faire comprendre la composition. En somme, il n'y a qu'un juge, juge et président tout à la fois : c'est le juge de paix du canton. Pour que le tribunal soit régulièrement constitué, le juge de paix doit être assisté d'un greffier et d'un officier du ministère public, mais seul il a la police de son audience, seul il dirige les débats et instruit l'affaire, et c'est enfin lui seul qui rend le jugement.

§ Ier. — *Police de l'audience.*

Chaque tribunal a la police de son audience, et est investi du pouvoir de réprimer toute infraction à l'ordre et tout manquement au respect qui est dû à la justice. Ces infractions et ces manquements peuvent provenir soit des parties comparantes, soit des assistants. Il importe de distinguer ces deux cas au point de vue des pouvoirs du juge de paix jugeant en simple police. Il importe également de distinguer s'il s'agit simplement de troubles provenant, soit de signes publics d'approbation ou d'improbation, soit d'un tumulte quelconque, ou si le tumulte est accompagné d'injures, de voies de fait ou d'outrages.

Le trouble provient-il d'une des parties comparantes qui ne s'explique pas avec assez de modération, ou s'obstine à parler malgré l'injonction du juge de paix, ce dernier est alors investi des pouvoirs que lui confère spécialement l'article 10 du Code de procédure civile. Il rappelle d'abord la partie comparante aux convenances, mais par un simple avertissement, n'ayant absolument rien de comminatoire. Que si cet avertissement ne produit aucun effet, il peut alors condamner le coupable à 10 fr. d'amende, avec affiches du jugement, dont le nombre n'excèdera pas celui des communes du canton. Enfin, en cas d'insulte ou d'irrévérence grave, le juge de paix peut alors en dresser procès-verbal et condamner la partie comparante, auteur de l'insulte, à trois jours de prison au plus (art. 11, C. pr. c.). Les jugements qui prononcent ces différentes condamnations sont exécutoires par provision (art. 12).

Mais si le tumulte provient non plus d'une des parties comparantes, mais bien d'un des assistants, les pouvoirs du juge de paix ne sont plus alors aussi étendus. Il n'est plus armé des articles 10, 11 et 12 du Code de procédure, mais seulement de l'article 504 du Code d'instruction criminelle. Il ne peut donc que faire expulser l'assistant qui donne publiquement des marques d'approbation ou d'improbation ou qui occasionne un trouble quelconque. En cas de résistance à ces mesures, le juge de paix peut alors ordonner l'arrestation du coupable et le faire conduire à la maison d'arrêt, où il sera retenu pendant vingt-quatre heures, sur la simple exhibition du procès-verbal de l'audience.

Cette doctrine très-rationnelle, eu égard aux termes mêmes de l'article 10 du Code de procédure qui ne vise absolument que les parties, a été confirmée à maintes reprises par la Cour de cassation, et notamment dans un arrêt du 24 mai 1862 qui annula la condamnation à l'amende, prononcée par un juge de paix contre un assistant, coupable de lui avoir manqué de respect ; cette condamnation n'étant pas contenue dans l'article 504, C. inst. crim.

Lorsque le bruit, le tumulte ou l'irrévérence grave se complique d'une injure ou d'un outrage, la question des pouvoirs attribués au juge de paix devient plus délicate.

Dans ce cas il n'y a plus à distinguer entre les assistants et les parties comparantes. L'article 11 du Code de procédure applicable aux parties qui se rendent coupables de faits constituant une irrévérence grave ne saurait plus être invoqué quand le tumulte est accompagné de voies de fait ou d'outrages proférés à l'audience.

C'est alors l'article 505 du Code d'Instruction criminelle qui doit être seul appliqué et cet article arme le juge de simple police de pouvoirs beaucoup plus étendus que ceux que nous avons examinés jusqu'à présent. Le juge de paix peut prononcer contre les parties ou les assistants coupables d'injure ou de voies de fait non seulement des peines de simple police, mais même des peines correctionnelles. C'est ainsi qu'il peut et doit appliquer l'article 222 du Code pénal.

Ce pouvoir dont est investi le juge de simple

police existe quelle que soit la personne victime de l'injure ou de voies de fait. Le tribunal est saisi de plein droit, sans réquisition du ministère public et sans qu'il soit même besoin d'une plainte de la personne offensée, car ces délits s'attaquent encore plus à la dignité de l'audience qu'à celle des personnes (Berriat Saint-Prix, *Procédure des tribunaux criminels*, 1re partie, n° 450).

Toute cette théorie sur les pouvoirs du juge, au point de vue des incidents qui peuvent se produire à son audience, est exposée d'une façon très détaillée dans un arrêt de la Cour de cassation rendu toutes Chambres réunies. La Cour décide : « que l'art. 505, Inst. crim., n'a rien d'incompatible avec le maintien de l'art. 11, Proc. civ., qui reste applicable dans le cas où le fait ne constitue qu'une irrévérence grave envers le juge de paix ; mais que dans le cas où l'injure s'élève jusqu'aux proportions de l'outrage envers un magistrat l'art. 505, Inst. crim., doit se combiner avec les articles du Code pénal qui spécifient les caractères constitutifs de ce délit et en déterminent la peine. » (Cass. 25 juin 1855).

Si le juge n'a prononcé qu'une peine de simple police, cette peine n'est pas susceptible d'appel ; mais il n'en est pas de même des peines correctionnelles. Quant au point de savoir devant quelle juridiction l'appel devra être porté, la Cour de cassation a longtemps hésité. Cette incertitude est assez singulière. Le juge de police ayant jugé correctionnellement en vertu des pouvoirs que lui conférait l'article 503, Inst. crim., n'a pas franchi pour cela un degré de juridiction. La compétence du tribunal correctionnel, comme juge supérieur de l'appel des décisions du tribunal de simple police, se trouve donc toujours déterminée, non par la nature de l'affaire ou de la peine encourue, mais de la juridiction qui a prononcé en premier ressort. C'est dans ce sens que s'est décidée la Cour de cassation, par un arrêt du 8 mars 1873. (En sens contraire, voir un arrêt de la Cour de Douai, du 16 août 1869).

L'article 505 exige que la répression qu'il autorise soit prononcée séance tenante ; car ce qui importe le plus à la dignité de la justice, c'est surtout la promptitude de la répression. Si donc le juge de paix ne statuait pas immédiatement, il devrait se conformer à l'article 506, c'est-à-dire dresser procès-verbal et renvoyer les pièces et le prévenu devant la juridiction compétente.

Il en serait de même dans le cas où il se produirait à son audience un crime ou un délit d'un genre tout autre que ceux prévus par les articles 504 et 505 ; le fait que le délit a été commis en audience de simple police ne pouvant créer une compétence spéciale au juge de paix.

Enfin, on s'est demandé si le juge de paix, *siégeant en audience civile*, pouvait prononcer immédiatement une condamnation contre un assistant coupable de bruit ou de tumulte. Contre une partie comparante, cela n'est pas douteux, grâce aux articles 10 et 11 du Code de procédure, qui s'appliquent justement à l'audience civile. Mais contre un assistant on a soutenu que non, et qu'il ne pouvait que dresser procès-verbal et renvoyer à son audience de simple police, dans le cas où le fait n'était passible que d'une peine de ce genre. Ce système, qui n'aboutit en somme qu'à des longueurs, ne saurait être raisonnablement accepté. Pour la bonne administration de la justice, le juge de paix tient des audiences civiles et des audiences de police distinctes, mais il a le double caractère de juge civil et de juge de police. Il est donc beaucoup plus simple, qu'usant des pouvoirs que lui confère ce dernier caractère, il prononce immédiatement une condamnation (Carnot, *Inst. crim.*, t. II, p. 14).

A propos des pouvoirs du juge de paix relativement à la police de son audience, il s'est élevé une question assez intéressante. Les avocats et les avoués, dans le cas où ils se présentent devant un tribunal de simple police, peuvent-ils être frappés, par le juge de paix, comme ils le seraient par un tribunal correctionnel, des peines disciplinaires édictées par l'article 18 de l'ordonnance du 20 novembre 1822? La raison de douter est que l'avocat ou l'avoué, dans cette circonstance, ne fait que représenter la partie et est un simple mandataire *ad litem*. Cependant, il n'en reste pas moins revêtu du caractère d'avocat, et c'est avec raison, à notre avis, que la Cour de cassation s'est décidée pour l'affirmative. Du reste, l'article 43 de l'ordonnance de 1822 est général. Quelle que soit la juridiction devant laquelle se trouve l'avocat, s'il se rend coupable, dans sa plaidoirie, de certaines attaques prévues par cet article, le tribunal peut prononcer une des peines disciplinaires de l'article 18, et on ne voit pas pourquoi il serait fait exception à l'égard du juge de paix (Cass., 23 avril 1850).

§ II. — *Instruction de l'affaire et direction des débats.*

Le juge de paix instruit l'affaire à l'audience même, et cette instruction doit être publique à peine de nullité. Tout doit se faire contradictoirement sur simple citation des témoins et des parties. Cependant si l'instruction d'une affaire paraissait devoir entraîner des détails dangereux pour l'ordre et les mœurs, le juge de paix pourrait, sur les réquisitions du ministère public, et même d'office, à la charge de le déclarer par un jugement, ordonner que les débats de l'affaire auraient lieu à huis-clos. Mais dès que les débats sont terminés les portes doivent être réouvertes et le jugement doit être prononcé publiquement (art. 81 de la Constitution de 1848).

L'art. 148 donne au juge de police un pouvoir tout particulier. Avant le jour de l'audience, sur la réquisition du ministère public ou de la partie civile, il peut faire estimer le dommage, dresser des procès-verbaux, ou ordonner des actes requérant célérité. — Ces dispositions sont très logiques, ce que l'on réclame surtout en matière de simple police étant la rapidité de la répression ou de la réparation.

Dans l'instruction de l'affaire, le juge de paix doit se conformer aux prescriptions de l'art. 153 du Code d'instruction criminelle. Sous le Code de brumaire on frappait de nullité toute interversion dans l'ordre des formes d'instruction qu'il prescrivait.

Le Code actuel n'exige en réalité, à peine de nullité, que la publicité de l'instruction : par conséquent, aujourd'hui l'interversion des formes édictées par l'art. 153 n'annullerait pas le jugement.

Au point de vue de l'audition des témoins il est à remarquer que tous les témoins produits devant le tribunal de simple police doivent à peine de nullité prêter serment. Le juge de paix n'a pas, comme le président d'assises, de pouvoir discrétionnaire, et il ne peut recevoir les déclarations de certains témoins à titre de renseignements et sans prestation de serment (Cass. 7 nov. 1873). De même il ne peut se dispenser d'entendre les témoins dont l'audition est requise par le ministère public. Cependant, si tenant pour certains les faits incriminés, il prononçait immédiatement une condamnation, son jugement ne pourrait être annulé. Il le serait au contraire en cas d'acquittement (Cass. 28 mars 1874).

Quand un faux témoignage se produit à l'audience le juge de simple police est alors armé d'un droit tout spécial : il peut sur les réquisitions du ministère public, ou même d'office, ordonner l'arrestation du faux témoin. Cette disposition ne se trouve qu'à propos des affaires soumises au jury, mais il n'est pas douteux qu'il en soit de même en matière de simple police. Après avoir ordonné l'arrestation du témoin, le juge de paix dresse de l'incident un procès-verbal dans lequel sont consignés les faits qui ont amené l'arrestation, et notamment toutes les questions adressées au témoin et les réponses que celui-ci y a faites. Le procès-verbal est transmis au procureur de la République et sert de base à la poursuite en faux témoignage.

Devant le tribunal de simple police, le prévenu est entendu dans sa défense, mais il ne subit pas d'interrogatoire, contrairement à ce qui a lieu en matière correctionnelle ou criminelle. Le juge de paix doit l'entendre s'il se présente : c'est là un droit essentiel à la défense. Si le prévenu dans l'exposition de sa défense fait l'aveu de sa contravention, le juge est-il obligé de considérer cet aveu comme une preuve suffisante?

M. Faustin-Hélie (*Inst. crim.*, t. VII, p. 333) soutient la négative : « Il n'est nullement lié, dit-il, par les déclarations du prévenu ; il en apprécie la force probante, il examine si ces déclarations ne sont point contradictoires et si elles sont persistantes. Puis il les admet ou les écarte suivant la conviction qu'elles ont opérée chez lui. » Et il cite un arrêt de la Cour de cassation qui décide « que le Code d'instruction criminelle n'autorise point les tribunaux de répression à condamner un accusé sur son seul aveu ; que ces aveux ne sont que des preuves morales qui ne lient pas l'accusé et qu'il peut toujours les rétracter par suite d'erreur ou autrement. » (Cass. 19 août 1841).

Le juge de police n'a donc en présence d'un aveu du prévenu qu'une seule obligation : en apprécier en conscience la valeur. Le considère-t-il comme suffisamment probant, il peut baser sur lui sa condamnation. Dans le cas contraire, il ne s'y arrête pas et doit alors déclarer, qu'il ne le considère pas comme une preuve suffisante.

Cette doctrine a été plus tard répudiée par la Cour de cassation. Elle a décidé que l'aveu équivalait à une preuve complète de la contravention et qu'il en résultait la nécessité pour le juge d'appliquer la loi pénale (Cass. 3 nov. 1859).

La première opinion nous semble de beaucoup préférable. Sans disconvenir que le plus souvent l'aveu remplira toutes les conditions requises pour motiver une condamnation, il se présentera certainement des cas où visiblement l'aveu du prévenu n'aura, par suite des circonstances ou des influences extérieures sous lesquelles il est fait, aucune valeur juridique : et cependant le juge devra même dans ce cas prononcer une condamnation, ou s'exposer à voir son jugement cassé.

§ III. — *Jugement.*

Lorsque les différentes formalités de l'instruction, prescrites par l'article 153, Inst. crim. ont été remplies, lorsque les procès-verbaux ont été lus par le greffier, que les témoins ont été entendus ainsi que la partie civile ; lorsque le prévenu a présenté sa défense et a fait entendre ses témoins à son tour, que le ministère public a donné ses conclusions et la partie citée proposé ses réclamations, le juge de police prononce alors son jugement.

Ce jugement doit être rendu publiquement, et il ne peut l'être que dans l'auditoire, qui est affectée au tribunal de police ; serait donc nul un jugement rendu sur les lieux contentieux (Cass. 27 juil. 1855). Mais il ne suffit pas que le jugement soit rendu publiquement, le juge de police doit y constater la publicité de toute l'instruction qui l'a précédé. Il doit également y faire mention de la composition légale du tribunal, par conséquent constater : 1° la présence du juge de paix ou d'un de ses suppléants; 2° la présence du ministère public; 3° l'assistance du greffier.

Mais la principale obligation imposée au juge de police au point de vue du jugement est assurément l'énoncé des motifs sur lesquels il base sa décision. Non seulement tous les jugements doivent être motivés, mais ils doivent l'être sur chaque chef de la prévention et sur chaque chef des réquisitions et conclusions des parties. Le juge doit énoncer spécialement la raison qui a déterminé sa décision, et si le jugement ne doit pas nécessairement contenir l'exposition sommaire des points de fait, il est cependant indispensable que les motifs s'expliquent sur les faits du procès, de manière à permettre de les apprécier. C'est du reste là une proposition que nous ne faisons qu'énoncer, car elle ne saurait rentrer dans les limites de ce travail.

Enfin le juge de paix doit apposer sa signature sur la minute du jugement. L'article 164, Inst. crim., est ainsi conçu : « La minute du jugement sera signée par le juge qui aura tenu l'audience dans les vingt-quatre heures au plus tard, à peine de 25 francs d'amende contre le greffier et de prise à partie s'il y a lieu, tant contre le greffier que contre le président. » Cette signature du magistrat est exigée à peine de nullité radicale : un arrêt de la Cour de cassation du 29 messidor an VIII, a bien décidé que ce défaut de signature ne pourrait porter aucun préjudice à l'effet produit par un jugement entre les parties. Mais cette opinion ne saurait être admise. Cette signature du juge est la condition essentielle de l'existence du jugement ; elle seule constate sa vérité. Tel est le sentiment de Merlin (RÉP., V° *signature*).

Terminons en disant que le juge de police ne peut rendre de jugement que sur une affaire qu'il a instruite lui-même. Ainsi, s'il s'est fait remplacer à une audience, il ne peut prononcer le jugement dans l'affaire instruite par son suppléant, qu'autant qu'il aura fait recommencer devant lui toute l'instruction (Cass. 19 août 1869).

TRIBUNAL DE POLICE CORRECTIONNELLE.

En matière de simple police, nous avons vu le juge de paix président former à lui seul le tribunal, de là pour lui des pouvoirs très-étendus résultant d'ailleurs plutôt d'un fait que de droits spécialement établis par la législation. Le président du tribunal correctionnel au contraire n'a point, sauf la police de l'audience et la direction matérielle des débats de pouvoirs propres, distincts des pouvoirs du tribunal. C'est le *primus inter pares*, et il ne peut prendre de mesures importantes que de concert avec tout le tribunal qu'il préside.

Examinons successivement comme nous l'avons fait pour le juge de simple police, quels sont les pouvoirs du président d'un tribunal de police correctionnelle au point de vue de la police de son audience et de la direction des débats : quant au prononcé du jugement, il n'a pas là de pouvoirs particuliers; il n'est que l'interprète de tout le tribunal et nous n'avons pas à l'envisager dans cette situation.

§ Ier. — *Police de l'audience.*

Le pouvoir de police du président d'un tribunal correctionnel est tout entier contenu dans les articles 88 et 89, Code de procédure civile, et 504, Code d'instruction criminelle. Nous avons déjà étudié le second à propos des juges de police.

L'art. 88 veut « que tout ce que le président du tribunal ordonnera pour le maintien de l'ordre, soit exécuté ponctuellement et à l'instant » et l'art. 89 est ainsi conçu : « Si un ou plusieurs individus, quels qu'ils soient, interrompent le silence, donnent des signes d'improbation ou d'approbation soit à la défense des parties, soit aux discours des juges ou du ministère public, soit aux interpellations, avertissements ou ordres des président, juge-commissaire ou procureur de la République, soit aux jugements et ordonnances, causent ou excitent du tumulte de quelque manière que ce soit, et si après l'avertissement des huissiers, ils ne rentrent pas dans l'ordre sur le champ, il leur sera enjoint de se retirer et les résistants seront saisis et déposés à l'instant dans la maison d'arrêt pour 24 heures ; ils y seront reçus sur l'exhibition de l'ordre du président qui sera mentionné au procès-verbal de l'audience. »

L'art. 504, Instr. crim., nous l'avons déjà vu, est conçu à peu près dans les mêmes termes. Cependant il ordonne l'expulsion de l'audience de ceux qui troublent l'ordre, sans qu'il leur soit donné d'avertissement préalable ainsi que l'exige l'art. 89, Proc. civ. On connaît l'origine de cette différence. La première rédaction de l'art. 504 exigeait l'avertissement. Mais cette obligation fut supprimée sur l'observation faite par l'Empereur. « L'avertissement préalable, soutenait-il, est inutile. Il convient beaucoup mieux au bon ordre et à la dignité des tribunaux que l'on expulse d'abord ceux qui donnent des signes publics d'approbation ou d'improbation ou qui excitent quelque tumulte. La rigueur qu'on déploie dans ce cas ne blesse pas les droits de citoyen. »

Quoi qu'il en soit, l'art. 504, Instr. crim, ne fait pas absolument double emploi avec l'art. 89, Proc. civ. Il arme le président de pouvoirs plus expéditifs, si nous pouvons nous exprimer ainsi, mais il serait sans application dans certains cas. Si l'on suppose, par exemple, une interruption sans tumulte, ce qui peut se présenter encore assez fréquemment, il est certain que l'art. 504, Instr. crim, n'est pas applicable, et que le président devra avoir recours à l'art. 89, Proc. civ. : dans ce cas, l'avertissement préalable sera toujours nécessaire (Carré et Chauveau, *Quest.* 428).

Ce pouvoir du président du tribunal correctionnel relativement à la police de l'audience est, comme on le voit extrêmement limité. Il ne saurait plus être question pour lui de l'application de l'art. 505, Instr. crim., car une décision de cette importance ne peut émaner que du tribunal tout entier. Nulle part la loi n'a attribué au président de tribunal correctionnel un pouvoir distinct de celui du tribunal même. Il ne peut que maintenir l'ordre à l'audience. Si quelque contestation s'élève, si quelque délit se commet, le président en dresse procès-verbal, entend le prévenu et les témoins, mais c'est le tribunal tout entier qui applique sans désemparer la peine édictée par la loi (art. 181, Instr. crim.).

De même dans le cas où un avocat se permet dans sa plaidoirie des excès tombant sous le coup de l'art. 43 de l'ordonnance du 2 nov. 1822, c'est au tribunal et non plus au président qu'il appartient de lui appliquer une des peines disciplinaires contenues dans l'art. 18 de la même ordonnance.

§ II. — *Direction des débats.*

A ce point de vue encore, les pouvoirs du président sont singulièrement restreints.

Nous avons vu que l'art. 148, Instr. crim., permettait au juge de police, avant le jour de l'audience, sur la réquisition du ministère public ou de la partie civile de faire estimer le dommage, dresser des procès-verbaux ou ordonner des actes requérant célérité. Cet article n'est nullement applicable au président du tribunal correctionnel. Il ne peut en aucune façon ordonner, avant le jour de l'audience, des mesures qui peuvent être considérées comme des actes d'instruction. C'est au tribunal tout entier à procéder à l'instruction et seul il peut prescrire de semblables mesures quand il les croit nécessaires.

Cependant la loi du 22 janvier 1851 a apporté une légère modification à ce point de vue. L'article 30 permet aux présidents des tribunaux correctionnels d'ordonner d'office toutes productions et vérifications de pièces. Ils peuvent ordonner également, même avant le jour fixé pour l'audience, l'assignation des témoins dans le cas où la déclaration de ces témoins serait jugée utile pour la découverte de la vérité. M. Faustin Hélie (*Inst. crim.*, t. VII, p. 644) pense qu'on peut induire de cette disposition nouvelle une sorte de pouvoir général d'ordonner les actes requérant célérité et qui peuvent être utiles à l'instruction.

Il nous semble difficile d'admettre cette conclusion. La loi du 22 janvier 1851 a pour but d'organiser l'assistance judiciaire en matière correctionnelle et criminelle. Elle ne donne un semblable pouvoir au président que dans les affaires intéressant des indigents, où l'on comprend sans peine, au point de vue des frais et de l'intérêt des prévenus, la nécessité d'une solution extrêmement prompte d'une part, et d'autre part l'obligation pour le président de veiller à ce que les accusés puissent user de tous leurs moyens de défense. Mais il serait téméraire d'étendre aux affaires correctionnelles ordinaires une règle aussi exceptionnelle. Du reste les termes mêmes de l'article 30 repoussent formellement une semblable extension. Il n'y est question que de l'accusé indigent, et rien n'autorise les présidents à user de ces pouvoirs particuliers en faveur de prévenus n'ayant pas obtenu l'assistance judiciaire.

La loi du 22 janvier 1851 a investi les présidents de tribunaux correctionnels d'un autre pouvoir ou plutôt d'un autre devoir, toujours au point de vue de la protection à accorder aux accusés indigents. L'article 29 de cette loi et ainsi conçu : « Les présidents des tribunaux correctionnels désigneront un défenseur d'office aux prévenus poursuivis à la requête du ministère public ou détenus préventivement lorsqu'ils en feront la demande et que leur indigence sera constatée, soit par les pièces désignées dans l'art. 10, soit par tout autre document. » Le projet de loi, tel que l'avait présenté le gouvernement, disposant sur ce point d'une manière générale, accordait un défenseur à tout prévenu indigent, sur sa demande. La commission ne voulut pas aller aussi loin : elle n'accorda un défenseur qu'à ceux des prévenus qui sont poursuivis à la requête du ministère public, ou détenus préventivement ; et le rapporteur justifia cette restriction de la manière suivante : « Il y a, dit-il, un nombre infini d'affaires correctionnelles d'une médiocre importance et d'une si grande simplicité que le ministère d'un défenseur est inutile. Telles sont les causes *entre parties* pour des injures, des rixes ou autres délits analogues, et les poursuites *intentées par les diverses régies* dans lesquelles le fait est presque toujours prouvé par un procès-verbal, de manière à rendre toute discussion impossible. »

Le prévenu doit adresser sa demande au président par une requête ou même par une simple lettre, et s'il prouve son indigence, le président procède alors à la désignation d'un défenseur d'office.

Remarquons que ce n'est qu'aux accusés et prévenus que la loi accorde ce bénéfice. « Quant à la partie civile, disait le rapporteur, rien ne lui est plus facile que de trouver un avocat ou un avoué qui lui rende bénévolement le service de poser des conclusions pour elle. »

Mais revenons aux pouvoirs du président d'un tribunal correctionnel spécialement dans la direction des débats. L'article 270, Inst. crim., qui traite des fonctions du président d'assises, donne à ce dernier le pouvoir de rejeter tout ce qui tiendrait à prolonger les débats sans donner lieu d'espérer plus de certitude dans les résultats. On a agité la question de savoir si une semblable faculté était accordée au président en matière simplement correctionnelle. Un arrêt très-ancien de la Cour de cassation s'est décidé en faveur de l'affirmative. Il déclare « que le devoir des présidents d'assises, établi par l'art. 270, Inst. crim., est commun, par une parité de raison, à tous les magistrats qui dirigent un débat public, en matière de police correctionnelle ou de simple police, pour prévenir les dénégations de témoins et les ramener sans gêner leur liberté, au point de question et assurer la manifestation de la vérité. » (Cass. 1er juil. 1825).

Cette disposition est évidemment fort sage; mais elle doit être appliquée avec beaucoup de circonspection par les présidents de tribunaux correctionnels. Ils ne doivent pas oublier, en effet, qu'aucun texte explicite ne les investit d'un pouvoir discrétionnaire, et que si par une extension de l'art. 270, on leur permet de *diriger* les dépositions des témoins, ils ne doivent en aucune façon aller jusqu'à refuser d'entendre certains témoins.

Enfin, c'est le président qui procède à l'audition des témoins et à l'interrogatoire de l'accusé. Mais à ces deux points de vue ses pouvoirs personnels sont absolument nuls, et il n'agit qu'au nom du tribunal tout entier. Ainsi c'est le tribunal qui apprécie d'une façon souveraine les excuses des témoins; c'est encore le tribunal qui décide des mesures à prendre vis-à-vis des individus surpris en flagrant délit de faux témoignage.

En ce qui touche l'interrogatoire ce n'est plus comme en matière de simple police une exposition de la défense que doit faire le prévenu. Il doit répondre aux questions que lui pose le président, et ce dernier ne doit pas perdre de vue que, dans la pensée de la loi, l'interrogatoire doit servir autant à l'instruction de l'affaire qu'à la défense du prévenu.

Notes d'audience. — En matière de simple police, le greffier est chargé de tenir note du serment des témoins, de leurs noms, prénoms, âge, profession, demeure, et de leurs principales déclarations. Ces notes n'ont le plus souvent d'autre utilité que de constater la régularité de l'audience. Il n'en est pas de même en matière de police correctionnelle. Depuis que la loi du 13 juin 1856 a porté devant la Cour tous les appels correctionnels, les notes d'audience ont pris une importance considérable, en ce sens qu'elles ont contribué à rendre inutile la comparution des témoins en appel.

Aussi cette loi s'est-elle préoccupée d'assurer autant que possible l'exactitude de ces documents. L'art. 189, Inst. crim., modifié par la loi du 13 juin 1856, décide que : « Le greffier tiendra note des déclarations des témoins et des réponses du prévenu. Les notes du greffier seront visées par le président dans les trois jours de la prononciation du jugement. »

Le greffier doit donc reproduire, non plus seulement les principales déclarations, mais *toutes* les déclarations des témoins, ainsi que les réponses des prévenus. Et pour que ces notes présentent toutes les garanties d'exactitude possible, le président doit, dans les trois jours, les contrôler et y apposer son *visa*. Ce délai très court s'explique facilement. Le contrôle du président sera d'autant plus effectif, qu'il aura lieu à un jour plus rapproché de l'audience et que ses souvenirs seront plus récents.

Naturellement, si les notes n'ont pas été visées par le président, elles n'ont aucune force probante, les prescriptions de la loi n'ayant pas été remplies.

COUR D'ASSISES.

CHAPITRE PREMIER.

DES FONCTIONS DU PRÉSIDENT AVANT L'OUVERTURE DES DÉBATS.

Nous avons vu que, sauf dans le cas de l'article 148, Inst. crim., en matière de simple police, le juge de paix et le président du tribunal correctionnel n'entraient en fonctions qu'au moment de l'ouverture des débats. A la Cour d'assises il n'en est plus de même et entre l'arrêt de renvoi et la réunion de la Cour d'assises, il s'écoule une période où les attributions du président sont nombreuses et compliquées.

§ Ier. — *Interrogatoire de l'accusé.*

Dès que l'accusé, à qui on a signifié l'arrêt de renvoi, a été transporté dans la maison de justice du lieu où doivent se tenir les assises, le président doit, dans le délai de vingt-quatre heures, procéder par lui-même à son interrogatoire, ou y faire procéder par un magistrat délégué par lui (article 293).

La loi n'a pas prescrit de formes spéciales pour cet interrogatoire. Cependant le président doit : 1° Interpeller l'accusé sur le choix d'un défenseur et lui en désigner un, s'il n'en a déjà. — 2° Le prévenir qu'il a cinq jours pour se pourvoir en cassation contre l'arrêt de renvoi. — 3° Il doit enfin l'interroger sur les faits de l'accusation.

Ces formalités sont constatées par un procès-verbal que le président doit signer avec le greffier et l'accusé; mais la signature des deux premiers est seule exigée à peine de nullité (Cass. 20 mars 1860. — 4 janvier 1866).

Une jurisprudence constante a décidé que ce délai de vingt-quatre heures fixé pour l'interrogatoire de l'accusé à partir de son arrivée à la maison de justice n'était pas prescrit à peine de nullité (Cass. 2 janv. 1851. — 4 août 1853). Mais il est un point sur lequel les arrêts sont formels : il faut qu'il s'écoule cinq jours francs entre cet interrogatoire et l'ouverture des débats (art. 296, Cass. 4 juin 1864).

Nous avons dit que le président pouvait déléguer un magistrat et le charger d'interroger l'accusé. L'art. 91 du décret du 6 juillet 1810 a singulièrement étendu cette faculté pour le président de ne pas procéder lui-même à l'interrogatoire. Il est ainsi conçu : « Si vingt-quatre heures après l'arrivée d'un accusé dans la maison de justice, le président des assises n'est pas sur les lieux et qu'il n'y ait point de juge par lui délégué, conformément à l'art. 293, Inst. crim., pour interroger les accusés, il sera procédé à l'interrogatoire par le Président du tribunal de première instance, ou par le juge qu'il aura commis à cet effet. »

La jurisprudence, au lieu de restreindre cette latitude, a conclu des art. 293, Inst. crim. et 91 du décret précité que, pour les tribunaux d'assises autres que le chef-lieu de la Cour, tous les modes de remplacement du président étaient réguliers. Elle a décidé : que le juge qui interroge l'accusé au moment de son arrivée dans la maison de justice, est légalement présumé agir en vertu d'une délégation soit du président des assises, soit du président du tribunal, cette délégation étant suffisamment énoncée par la déclaration du juge qui procède à l'interrogatoire par empêchement de qui de droit (Cass. 14 février 1850). De même, au chef-lieu de la Cour, le juge procédant à l'interrogatoire, en cas d'empêchement du président, peut ne pas faire partie de la Cour d'assises (Cass. 9 février 1865).

D'un autre côté, dans un arrêt de 1844, qu'elle a confirmé à plusieurs reprises (3 janvier 1850; — 24 août 1854) la Cour de cassation a déclaré : « Que l'interrogatoire, quoique n'étant pas prescrit à peine de nullité, constituait une formalité substantielle, indispensable à la manifestation de la vérité, tant dans l'intérêt particulier de l'accusé que dans celui de l'accusation..... qu'il avait pour but principal de faire connaître au président de la Cour d'assises les modifications apportées aux éléments de l'instruction ; et qu'enfin cet interrogatoire était le moyen le plus ordinaire pour signaler au président, au ministère public et à l'accusé la nécessité d'une instruction supplémentaire » (Cass. 12 juillet 1844).

Il nous semble que ces différentes décisions sont absolument contradictoires, et autant nous approuvons la dernière, autant il nous est impossible d'admettre la tendance de la jurisprudence à exonérer le président de l'obligation de procéder lui-même à l'interrogatoire de l'accusé. Si cet interrogatoire, comme l'a très bien déclaré l'arrêt de 1844, doit être à la fois une formalité de l'instruction et une protection pour la défense, nous nous demandons comment il peut remplir ce double but quand il est fait par un magistrat n'ayant reçu aucune délégation ou ne faisant pas partie de la Cour d'assises, et quels éclaircissements il peut apporter à l'affaire. Le juge qui y procède se borne, pour éviter la nullité de la procédure qui va suivre, à désigner un défenseur à l'accusé, s'il n'en a déjà choisi un, et à l'avertir qu'il a cinq jours pour se pourvoir en cassation contre l'arrêt de renvoi (art. 294, 296 et 297). Mais il est bien évident qu'il ne lui adresse aucune question relativement à ses moyens de défense et à la nécessité d'un supplément d'instruction. La lettre de la loi est donc observée, mais son esprit si sage est absolument faussé.

Relativement à la nomination d'un défenseur, il s'est élevé quelques difficultés que nous allons examiner rapidement. Lorsque le conseil désigné d'avance par le président, ne peut ou ne veut remplir sa mission, il doit en être nommé un autre dès que le refus ou l'empêchement du premier sont connus. Mais si c'est le défenseur choisi par l'accusé qui refuse de l'assister à l'audience, que doit-on décider ? Un arrêt du 19 août 1813 n'avait pas hésité à proclamer que, le choix d'un défenseur ayant eu lieu sur l'interpellation prescrite par l'article 294, le vœu de la loi se trouvait pleinement rempli et qu'il n'y avait pas lieu pour le président d'en désigner un d'office. C'était bien mal comprendre le vœu de la loi. Ce qu'il faut avant tout, c'est que l'accusé soit défendu et assisté constamment par un conseil. Celui qu'il avait choisi faisant défaut, on se trouve dans la situation où l'on aurait été s'il n'avait été fait aucun choix ou s'il n'y avait eu aucune désignation. C'est donc au président à pourvoir dans ce cas à la défense et la Cour de cassation, mieux inspirée, a adopté cette doctrine dans un arrêt du 16 septembre 1831.

Quand il y a plusieurs accusés, quoiqu'un seul défenseur soit suffisant pour tous, si leurs intérêts sont communs, nous pensons cependant que le président doit désigner un conseil à chacun d'eux, s'ils ne veulent point d'une défense commune. Cela est à la fois plus prudent et plus en rapport avec le respect qui est dû à la défense.

Enfin le président ou l'accusé ne peuvent choisir le défenseur que parmi les avocats ou les avoués du ressort de la Cour d'appel (art. 295). M. Nouguier (*La Cour d'assises*, t. I, nº 270) soutient que l'art. 295 a été abrogé implicitement par l'art. 4 de l'ordonnance du 27 août 1830, qui permet à tout avocat inscrit de plaider sans autorisation devant toutes les Cours et tribunaux de France, et il en conclut que le choix du président ou de l'accusé n'est plus restreint aux avocats du ressort de la Cour. Il serait peut-être désirable qu'il en fût ainsi, mais ce système n'est pas soutenable en présence des termes mêmes de l'ordonnance de 1830. Après avoir en effet donné l'autorisation aux avocats inscrits de plaider devant toutes les Cours ou tribunaux de France, l'art. 4 ajoute : « sauf les dispositions de l'art. 295 du Code d'instruction criminelle ».

Il n'y a donc d'exception à cette règle que lorsque l'accusé obtient du président la permission de se choisir pour conseil un de ses parents ou amis. Le pouvoir du président à ce sujet, est souverain et doit s'exercer uniquement dans l'intérêt de l'accusé. C'est donc un moyen tout naturel d'obvier aux inconvénients qui peuvent résulter des restrictions de l'art. 295.

§ II. — *Instruction complémentaire.*

A partir de l'interrogatoire l'accusé est libre de communiquer avec son conseil. Cependant M. Nouguier (t. 1, n° 335) pense que le Président pourrait encore, en vertu de l'art. 613, Inst. crim., et en usant de ce droit avec beaucoup de modération, ordonner une nouvelle mise au secret de l'accusé, quand il procède à un supplément d'instruction. On peut dire alors que la marche normale de la procédure antérieure aux débats est arrêtée.

C'est qu'en effet les art. 301-1° et 303 investissent le président d'un véritable pouvoir d'instruction. A la suite de l'interrogatoire dans la maison de justice, il peut se produire des incidents nouveaux, des faits restés inconnus peuvent se révéler et rendre nécessaires des constatations destinées à faciliter et à éclairer les débats à l'audience. C'est le président qui est chargé de ces recherches. Ses pouvoirs, à cet égard, sont bien définis par l'article 301-1° : il ne doit pas se livrer à une instruction nouvelle, mais seulement *compléter* et *continuer* l'instruction commencée, jusqu'aux débats exclusivement. Il peut naturellement être suppléé, dans ces fonctions, par le juge qui le remplace, car ce juge est revêtu de toutes les attributions de la présidence.

Si les dépositions des témoins à entendre ne peuvent être reçues que hors du lieu où se tiennent les assises, le président (art. 303) peut commettre pour les recevoir, le juge d'instruction de l'arrondissement où résident les témoins. La jurisprudence a considérablement étendu les termes de l'art. 303 et elle est allée jusqu'à permettre au président de commettre un juge de paix, au lieu du juge d'instruction, pour entendre des témoins dans une information supplémentaire, jugeant ainsi que les dispositions de l'art. 303 étaient purement indicatives, et non limitatives (Cass. 7 juil. 1847).

Les termes de l'art. 303 ont fait naître une difficulté tranchée aujourd'hui depuis longtemps, mais dont nous devons cependant dire quelques mots. Cet article ne fait absolument allusion qu'aux *témoins nouveaux* que le président peut avoir à interroger pendant l'instruction complémentaire dont la loi le charge avant l'ouverture des débats; on en a conclu que le président ne pouvait en aucune façon interroger des témoins déjà entendus. La jurisprudence était tout d'abord entrée dans cette voie. Par un arrêt du 12 mars 1836, elle avait déclaré : « Que le président autorisé par les art. 301 et 302 à continuer l'instruction jusqu'aux débats exclusivement, n'a que le droit, aux termes de l'art. 303 dont les énonciations sont restrictives, d'entendre les témoins non encore entendus dans l'instruction écrite qui a précédé l'ordonnance de prise de corps et l'arrêt de mise en accusation, et par conséquent de procéder seulement à un complément d'instruction; d'où il suit, qu'en entendant comme témoins plusieurs personnes qui avaient déjà déposé dans l'instruction écrite, il a commis un excès de pouvoir, violé les règles de la compétence et porté atteinte au droit dè la défense. »

Dès les premiers jours, cette décision fut vivement critiquée. Elle était, en effet, aussi contraire au bon sens qu'à l'esprit même de l'art. 303. Si le président doit faire toutes les recherches nécessaires à la manifestation de la vérité, comment admettre que les termes de l'art. 303 soient limitatifs. Ne doit-on pas plutôt penser que le législateur, en permettant d'entendre des *témoins nouveaux*, a, à plus forte raison, donné au président le pouvoir d'interroger ceux qui ont déjà été entendus.

Aussi, la même année, le 22 avril 1836, la Cour de cassation revînt-elle sur sa précédente déclaration. Dans un arrêt fortement motivé, elle déclara : « Que si l'art. 303 parle de nouveaux témoins, il n'est point conçu en termes prohibitifs à l'égard des témoins déjà entendus; que l'article 301 qui le précède et le domine, en autorisant, en termes généraux, la continuation de l'instruction, l'autorise par toutes les voies de droit..... que le pouvoir d'entendre de nouveaux témoins emporte nécessairement avec lui le pouvoir d'appeler aussi ceux qui ont déjà été entendus, soit pour obtenir d'eux l'indication des nouveaux témoins qu'il pourrait être utile d'entendre, soit pour contrôler les déclarations de ceux-ci. » C'était la bonne opinion, et la Cour de cassation avait fait acte de sagesse en abandonnant, sur les conclusions de M. le Procureur général Dupin, la doctrine contenue dans l'arrêt du 12 mars.

M. Faustin-Hélie (*Traité de l'instruction criminelle*, t. VIII, p. 548) pense que l'on peut concilier ces deux arrêts. Tous les deux, dit-il, admettent également « qu'il ne s'agit point de recommencer une procédure qui a été instruite avec des formes plus réfléchies et des garanties plus sérieuses; il s'agit de continuer cette instruction, mais seulement pour y amener les éléments nouveaux qui se produisent et pour mettre le jury à même de les apprécier. »

Cette conciliation ne nous semble pas possible car là n'est pas la question que les arrêts avaient à trancher. Le président doit se livrer à un complément d'instruction, et constater les faits nouveaux, s'il en est surgi depuis l'arrêt de renvoi, cela est incontestable et incontesté en présence des art. 301-1° et 303. Mais quelles sont les limites imposées à ce pouvoir ? Voilà le point précis sur lequel la Cour de cassation devait statuer. Dans son premier arrêt, elle interdit au président d'interroger les témoins déjà entendus dans l'instruction écrite, et dans le second elle l'autorise formellement à procéder à leur interrogatoire : d'une façon absolue, c'est bien là, croyons-nous, une contradiction.

Il est vrai que M. le Procureur général Dupin expliquait qu'un témoin peut être nouveau de deux façons : s'il apparaît pour la première fois, ou s'il surgit un fait nouveau sur lequel il n'a pas encore été interrogé, et c'est ce sens qu'aurait adopté le deuxième arrêt, d'après M. Faustin-Hélie. Mais cette explication ne peut être qu'une subtilité de langage, destinée à couvrir honorablement la retraite de la Cour et à amener plus facilement sa rétractation. Il faut donc renoncer à une conciliation impossible et l'on ne peut que féliciter la Cour de cassation d'avoir aussi promptement abandonné une jurisprudence dont les conséquences pouvaient être extrêmemnt fâcheuses.

Du reste un arrêt du 4 août 1854 est venu nous donner complètement raison, en rejetant formellement la distinction entre les faits nouveaux et les faits déjà établis dans l'instruction.

Ajoutons enfin que les actes d'instruction, laissés à l'appréciation du président, ne se bornent pas à l'audition des témoins. Il peut prendre, d'une façon générale, toutes les mesures qui ont pour but de préparer l'instruction orale. Ainsi il peut ordonner la levée du plan du lieu où le crime a été commis; procéder à une vérification de livres chez un commerçant etc... et tous ces actes peuvent être accomplis hors de la présence de l'accusé (Cass. 3 nov. 1836).

§ III. — *Formation du rôle de la session.*

Sous l'empire du Code de 1808, c'était au président qu'appartenait la fixation du jour de l'ouverture des assises (art. 260); mais la loi du 20 avril 1810 et le décret du 6 juillet de la même année lui ont enlevé cette attribution et l'ont confiée au premier président de la Cour d'appel. Aujourd'hui, lorsqu'il a procédé au supplément d'instruction prescrit par les art. 301 et 303, le président des assises, doit donc s'occuper immédiatement de la formation du rôle de la session.

Ce rôle comprend toutes les affaires qui sont en état au moment de l'ouverture de la session, c'est-à-dire, les affaires qui ont été renvoyées devant les assises par la chambre des mises en accusation, assez à temps pour que les accusés aient pu être transférés dans la maison de justice avant leur ouverture. Lors donc que le président s'est assuré en outre que les pièces de conviction ont été déposées au greffe (art. 291), il inscrit l'affaire au rôle à moins qu'il n'use du droit qui lui est conféré par l'art. 306.

Cet article permet au président, à la requête du procureur général ou de l'accusé, ou même d'office, d'ordonner qu'une affaire en état ne sera point portée au rôle de la session qui va s'ouvrir, et sera renvoyée soit à une autre session, soit à un jour plus éloigné que celui qui avait d'abord été désigné.

La loi n'a point spécifié les cas dans lesquels le renvoi pourrait être prononcé : elle en a laissé l'appréciation à la conscience du président qui agit d'une façon souveraine. Cependant il importe de remarquer que ce pouvoir ne peut être exercé par le président que jusqu'au moment où la Cour d'assises est saisie de l'affaire : à partir de cet instant la Cour seule a le pouvoir de statuer sur la demande de prorogation. Mais, la difficulté est de savoir le moment précis où la Cour est saisie.

On a soutenu, et plusieurs arrêts ont été rendus dans ce sens, que le président pouvait seul décider le renvoi d'une affaire, jusqu'à la déposition du premier témoin. La raison qu'on peut en donner n'est rien moins que péremptoire. L'art. 354, dit-on, porte qu'en cas de non comparution d'un témoin, la Cour d'assises peut, avant que les débats soient ouverts par la déposition du premier témoin, renvoyer l'affaire à la prochaine session. Que la Cour soit compétente pour statuer en pareil cas, nous n'en disconvenons pas : mais, pour que l'argument tiré de l'art. 354 fût sérieux, il faudrait encore prouver que son droit n'a pris naissance qu'a ce moment. Pour nous, nous pensons que le président est dessaisi de son pouvoir de prorogation dès que la Cour est constituée. C'est à elle, en principe, qu'appartient l'exercice du droit de renvoi, et si le président l'exerce, c'est parce qu'il n'en peut être autrement tant que la Cour n'est pas réunie. Or, elle se trouve définitivement constituée à partir du tirage du jury de jugement ; c'est donc à partir de ce moment que la compétence du président doit faire place à celle de la Cour. Cette opinion qui est, du reste, celle de presque tous les auteurs (Nouguier, t. II, n° 935; Faustin-Hélie, t. VIII, p. 564; Cubain, *De la procédure devant les Cours d'assises*, n° 361) a été également confirmée par un arrêt de la Cour de cassation du 27 avril 1850.

Lorsque l'accusé ou le ministère public ont des motifs pour que l'affaire soit renvoyée, ils présentent au président de la Cour d'assises une requête en prorogation de délai, à laquelle ce dernier répond par une ordonnance. Nous avons dit que l'ordonnance de renvoi du président était inattaquable : elle a pour effet de faire disparaître l'affaire du rôle ; dès lors la Cour n'étant pas saisie est absolument incompétente. Mais que décider si le président a refusé la prorogation de délai? Les parties pourront-elles adresser de nouveau leur requête à la Cour?

Un arrêt du 4 octobre 1832 semble leur refuser ce droit. Il décide que dès que le président, juge compétent aux termes de l'art. 306, a statué sur une semblable demande, la Cour ne viole aucune loi en refusant de statuer à son tour sur une chose déjà jugée. Il y a là, à notre avis, une véritable confusion, de nature à porter gravement atteinte aux droits de la défense. Dès que la Cour est saisie régulièrement d'une affaire, elle a le devoir de statuer sur tous les incidents qui peuvent s'élever à l'occasion de cette affaire et par conséquent sur les conclusions qui lui sont soumises relativement au renvoi. Dans le cas qui nous occupe, elle ne statue pas comme juge d'appel, mais en vertu de son pouvoir propre, pouvoir qui ne commence que lorsque celui du président a cessé. Du reste il est tout naturel que dès que la Cour est réunie, elle apprécie souverainement, si l'affaire qui lui est déférée est en état de recevoir son jugement immédiat (Cubain, n° 361).

Le art. 307 et 308 investissent le président d'assises d'un pouvoir particulier, nécessité d'ailleurs par la bonne administration de la justice. « Lorsqu'il aura été formé à raison du même délit, dit l'art. 307, plusieurs actes d'accusation contre différents accusés, le procureur général pourra en requérir la jonction, et le président l'ordonner même d'office. » Et en sens inverse l'art. 308 statue que : « Lorsque l'acte d'accusation contiendra plusieurs délits non connexes, le procureur général pourra requérir que les accusés ne soient mis en jugement quant à présent, que sur l'un ou quelques-uns de ces délits, et le président pourrra l'ordonner d'office. » C'est ce que l'on appelle la jonction ou la disjonction des procédures. Remarquons d'abord que ces mesures peuvent être prises non seulement à l'égard de plusieurs accusés, mais même vis-à-vis d'un seul contre lequel il aurait été dressé plusieurs actes d'accusation. Quoique les articles précités ne le disent pas formellement, cela n'est contesté par personne aujourd'hui.

Ce pouvoir de jonction et de disjonction appartient au président, et il le conserve même après que la Cour est réunie (Cass. 10 décembre 1836). Cependant, dans ce cas, il ne lui est pas exclusif, et un arrêt du 18 mars 1841, a décidé que « l'art. 307, rédigé d'une façon démonstrative et non limitative, ne fait pas obstacle à ce que la Cour d'assises ne puisse, avant l'ouverture des débats, sur le réquisitoire du ministère public, pour la bonne et prompte administration de la justice, comme aussi pour la manifestation de la vérité, ordonner la jonction de plusieurs actes d'accusation dressés contre le même individu dans plusieurs procédures qui sont toutes en état et dont elle se trouve simultanément saisie. » On a objecté à cette décision que la faculté de joindre ou de disjoindre les procédures, rentrait dans les attributions du pouvoir discrétionnaire, et que par conséquent le président seul pouvait ordonner ces mesures. Mais c'est là une erreur manifeste, le pouvoir discrétionnaire, comme nous le verrons plus tard, ne s'exerçant que dans le cours des débats (art. 269).

Les art. 307 et 308 ne donnent pas à l'accusé le droit de réclamer du président la jonction ou la disjonction des procédures. Il n'en faut cependant pas conclure que ce dernier ne pourrait pas présenter une semblable requête. Mais cette demande n'étant pas l'expression d'un droit, le président serait libre de ne pas y statuer.

Il n'entre pas dans notre sujet de rechercher les différentes causes de jonction ou de disjonction. Remarquons seulement que le président, pas plus que la Cour, ne pourrait prononcer la jonction de deux affaires connexes, ou la disjonction de deux affaires non connexes, dans lesquelles figureraient deux accusés différents, après la formation du jury de jugement. Il est en effet évident qu'on ne pourrait comprendre dans le débat un accusé qui n'aurait pas concouru à la formation du jury, ou maintenir pour juger un seul individu, un jury formé avec le concours et les récusations de deux ou de plusieurs accusés. S'il s'agit au contraire d'accusations contre une même personne, la jonction ou la disjonction peut être prononcée même après l'ouverture des débats : l'accusé restant le même, le jury demeure compétent ; l'accusation seule est élargie ou rétrécie (Faustin-Hélie, t. VIII, p. 572.)

§ IV. — *Formation du jury de jugement.*

Nous arrivons enfin à la dernière des attributions du président de la Cour d'assises, avant l'ouverture des débats : nous voulons parler de la formation du jury de jugement. Nous n'avons à nous occuper ici ni de la liste annuelle, ni de la liste de session telles qu'elles ont été organisées par la loi du 21 novembre 1872, mais seulement de la liste des douze jurés, nécessaires pour le jugement et tirés au sort parmi les jurés présents et capables, appelés effectivement à faire le service de la session.

Avant de procéder à ce tirage au sort, le président doit s'assurer que la liste des jurés de la session a été notifiée à l'accusé dans les délais prescrits par l'art. 395, c'est-à-dire, la veille du jour déterminé pour la formation du tableau. Cette notification, qui est prescrite à peine de nullité, a pour but de faire connaître ses juges à l'accusé, afin de lui permettre de préparer ses récusations.

Cette formalité remplie, il ne reste plus qu'à former le jury chargé de la connaissance de l'affaire. L'art. 399 est ainsi conçu : « Au jour indiqué et pour chaque affaire, l'appel des jurés non excusés et non dispensés sera fait avant l'ouverture de l'audience, en leur présence et en présence de l'accusé et du Procureur général. Le nom de chaque juré répondant à l'appel sera déposé dans une urne,... le jury de jugement sera formé à l'instant où il sera sorti de l'urne douze noms de jurés non récusés. »

Le tirage au sort a lieu avant l'audience, c'est-à-dire dans la chambre du conseil. Le président, à mesure que chaque juré répond à l'appel, dépose dans l'urne son nom inscrit sur un bulletin : tel est le mode indiqué par l'art. 399, lequel ne peut être remplacé par aucun autre. Il tire successivement de l'urne les noms et les proclame, en sorte que les récusations puissent se produire à mesure que chaque nom est extrait. La formation du tableau de jugement doit suivre immédiatement ces différentes formalités, et l'interruption des opérations serait une cause de cassation.

L'art. 399 exige la présence du Procureur général, ce qui était nécessaire, puisque l'opération se passe dans la chambre du conseil. Il exige la présence des jurés et celle de l'accusé qui peut ainsi librement exercer son droit de récusation, mais il est muet relativement à la Cour. On en a conclu que le président pouvait procéder au tirage au sort du jury seul et sans l'assistance de ses assesseurs. Cette solution, qui est encore confirmée par la combinaison des art. 266 et 309 avec l'art. 399, a été admise par de nombreux arrêts (Cass. 16 juillet 1842; 26 mars 1846). Du reste la Cour de cassation a également reconnu, que la présence des assesseurs ne viciait en rien l'opération : elle ne constituait qu'une garantie de plus dont la défense était loin de pouvoir se faire un grief.

On peut critiquer cette décision qui permet au président de procéder seul au tirage au sort. L'esprit de la jurisprudence est assurément de ne pas embarrasser la marche de la procédure par des entraves ou des lenteurs, et surtout de prévenir les causes de nullité. Mais cette raison n'est rien moins que péremptoire, quand on songe que le président, n'étant pas juge des incidents contentieux que peut soulever l'opération du tirage au sort, pourra être obligé à chaque instant de recourir à l'intervention de ses assesseurs. Quant à soutenir que la Cour d'assises ne prend séance qu'au moment de l'examen de la cause, et par conséquent ne siège pas encore au moment de la formation du tableau, cela n'est vraiment pas sérieux, puisque l'art. 394 suppose qu'elle s'est déjà réunie pour l'adjonction des jurés suppléants, et l'art. 396 pour la condamnation des jurés défaillants. La Cour assiste le président dans la formation définitive de la liste de session, on ne voit vraiment pas pourquoi il n'en serait pas de même pour le tirage au sort du jury de jugement.

Avant le tirage au sort, le président doit avertir l'accusé du nombre de récusations qu'il pourra faire. Cependant cet avertissement n'est pas exigé à peine de nullité, et il suffit que le droit de récusation n'ait pas été compromis (Cass. 3 août 1865).

Il est de principe que lorsque le tirage des douze noms est terminé, le tableau est irrévocablement arrêté. Il y a cependant certains cas où l'opération du tirage au sort doit être annulée, par exemple, quand l'affaire est renvoyée à une autre session, ou bien encore en cas d'empêchement matériel d'un juré alors qu'il n'a pas été tiré de jurés suppléants. En pareille circonstance, la jurisprudence décide, lorsqu'on se trouve avant l'ouverture des débats, que c'est au président ou à la Cour qu'appartient l'annulation, suivant que le tirage au sort a été effectué par le président seul ou assisté de ses assesseurs. Après l'ouverture des débats la Cour est seule compétente. Il nous semble qu'une mesure aussi grave ne devrait, dans tous les cas, pouvoir être appliquée que par la Cour d'assises.

Cette opération du tirage au sort doit être constatée par un procès-verbal que le président et le greffier doivent signer à peine de nullité (Cass. 14 mai 1847; 12 juillet 1866).

Cette formalité accomplie, le président peut déclarer l'audience ouverte. Ses fonctions pendant la période antérieure aux débats sont terminées.

CHAPITRE II.

DES FONCTIONS DU PRÉSIDENT A PARTIR DE L'OUVERTURE DES DÉBATS JUSQU'A LEUR CLÔTURE.

C'est à partir de l'ouverture des débats que les fonctions du président d'assises se multiplient et deviennent extrêmement délicates. Son influence est si considérable sur l'action de la justice, qu'il doit veiller scrupulement à ne jamais se départir de la haute impartialité que la loi lui impose et à être constamment, suivant l'expression qu'un ancien criminaliste appliquait au ministère public, *un champion posté pour la défense et le triomphe de la vérité.*

Indépendamment des attributions qui appartiennent à tous les magistrats qui dirigent un débat public, et dont le juge de police et le président d'un tribunal correctionnel sont également revêtus, nous voulons parler de la police de l'audience et de la direction des débats, le président d'assises est investi d'un pouvoir tout spécial et qui n'a d'équivalent dans aucuné autre juridiction. Ce pouvoir tout personnel et exclusif au président d'assises est celui que le Code de brumaire (art. 268 et 269) a justement nommé pouvoir discrétionnaire.

Nous allons étudier successivement comme nous l'avons fait en matière de simple police et en matière correctionnelle, les fonctions du président d'assises à ces différents points de vue.

§ Ier. — *Police de l'audience.*

L'article 267, Inst. crim. *in fine*, décide que le président des assises a la police de l'audience. Cette disposition toute naturelle permet au président de prendre toutes les mesures d'ordre qu'il jugera nécessaires pour le bon fonctionnement de la justice, sans toutefois qu'elles puissent nuire à la liberté de la défense et à la publicité des débats.

Au point de vue de la défense, il fait au conseil de l'accusé les avertissements prescrits par l'art. 311, Inst. crim. Cette mesure n'est pas imposée à peine de nullité. C'est du moins ce qu'a decidé un arrêt de la Cour de cassation du 29 sept. 1849. Cette jurisprudence est très raisonnable, car si les prescriptions de l'art. 311 pouvaient s'appliquer au temps des défenseurs officieux qui ne présentaient aucune garantie de moralité, elles ne sont plus aujourd'hui qu'un usage suranné et même blessant, en présence d'un corps aussi justement considéré que le barreau; aussi, dans la pratique, les présidents se bornent-ils à rappeler l'art. 311 sans en citer les dispositions.

Mais il est bien évident que si le défenseur se permettait quelques-unes des infractions prévues dans l'ordonnance du 30 nov. 1822, le président d'assises ne se trouverait pas plus désarmé que le juge de simple police ou le président de tribunal correctionnel. Toutefois il ne pourrait pas seul appliquer une des peines disciplinaires édictées par l'art. 18 de cette même ordonnance. C'est à la Cour tout entière qu'il appartient de statuer dans cette circonstance.

S'il se produit du bruit ou un tumulte quelconque à l'audience, le président peut agir en vertu de l'art. 504, Instr. crim. Il peut donc faire expulser ces perturbateurs du local des séances, et en cas de résistance, en ordonner l'arrestation et les faire conduire à la maison d'arrêt, où ils seront retenus pendant 24 heures. Si le tumulte augmente ou devient général, le président recourra alors à l'évacuation de la salle d'audience. Mais cette dernière mesure est très-grave car elle peut porter atteinte au principe de la publicité des débats.

Enfin si le trouble et le tumulte se compliquaient d'outrages et de voies de fait, si un crime se commettait dans l'enceinte même de la Cour d'assises, ce n'est plus au président seul qu'il appartiendrait de sévir. L'art. 507, Instr. crim, investit alors la Cour tout entière du droit de procéder au jugement de suite et sans désemparer.

Nous avons dit en commençant, que le président devait veiller à ce que les mesures prises par lui ne portassent pas atteinte à la publicité des débats. Ces débats sont publics, dans le sens de la loi, quand les portes de la salle des séances de la Cour d'assises sont ouvertes au public. Un arrêt de la Cour de cassation a cependant admis un léger tempérament à ce principe. Il se peut que dans certaines affaires l'affluence du public soit si considérable, qu'elle occasionne un véritable désordre; dans ce cas le président d'assises peut ordonner que les portes restent momentanément fermées, quand d'ailleurs l'espace réservé au public est complètement rempli (Cass. 11 avril 1867).

Enfin toujours à propos de la publicité des débats, on s'est demandé si les présidents d'assises ne commettaient pas un abus, en distribuant, pour certains procès criminels de nature à éveiller la curiosité publique, des billets dont les porteurs seuls sont reçus dans l'auditoire. Presque tous les criminalistes se sont élevés contre cet usage (Carnot, t. 3, p. 293; Cubain, nº 127). Cependant il ne faut pas pousser les choses à l'extrême. Si les porteurs de billets seuls ont pu pénétrer dans l'enceinte de la Cour d'assises, assurément il y a là une grave infraction au principe de la publicité et nous pensons, avec M. Cubain, que ces débats devraient être annulés. Mais si au contraire, comme cela se pratique constamment, certaines places seulement ont été réservées aux privilégiés, la nullité des débats serait une sanction bien rigoureuse, et nous préférons l'opinion de la Cour de cassation qui a décidé que le seul fait de la distribution des billets était insuffisant pour opérer la nullité, si la publicité de l'audience avait été respectée.

Quant au prononcé du huis-clos il n'entre pas dans les attributions du président d'assises : c'est la Cour qui l'ordonne, et elle peut même le faire spontanément et d'office.

§ II. — *Pouvoir discrétionnaire.*

C'est à dessein que nous plaçons ici l'examen du pouvoir discrétionnaire du président d'assises. Ce pouvoir qui ne s'exerce que « dans le cours des débats » pour employer les termes de l'art. 269, Inst. crim., y tient une si large place, qu'il nous semble indispensable d'en bien définir les caractères, avant d'aborder les fonctions du président dans la direction même des débats.

L'origine du pouvoir discrétionnaire du président se trouve dans la loi des 16-27 septembre 1791. L'art. 2, tit. 8, porte : « Le président du tribunal criminel peut prendre sur lui de faire ce qu'il croira utile pour découvrir la vérité, et la loi charge son honneur et sa conscience d'employer tous ses efforts pour en favoriser la manifestation. » Mais ce fut le Code de brumaire an IV, qui le premier, en reproduisant à peu près l'article que nous venons de citer, qualifia ce pouvoir de *discrétionnaire*.

Le Code d'instruction criminelle de 1808 reproduit à peu près ces dispositions. L'art. 268 est ainsi conçu : « Le président est investi d'un pouvoir discrétionnaire, en vertu duquel il pourra prendre sur lui tout ce qu'il croira utile pour découvrir la vérité, et la loi charge son honneur et sa conscience, d'employer tous ses efforts pour en favoriser la manifestation. »

Ce pouvoir était indispensable. La loi en effet ne pouvait prévoir à l'avance toutes les mesures nécessitées par l'instruction d'affaires aussi délicates que celles qui sont soumises au jury. Il peut se produire à l'audience même, une foule d'incidents de nature à troubler les jurés : aveux, dénégations, contradictions, etc. Il importait que le président pût éclaircir, autant que cela est possible, tous les points restés obscurs dans l'instruction. C'est à ce besoin de l'audience qu'a répondu l'article 268.

Le pouvoir discrétionnaire, tel qu'il résulte des articles 268 et 269, est uniquement un pouvoir d'instruction. L'article 269 est formel : « Il (le président) pourra, dans le cours des débats, appeler même par mandat d'amener, et entendre toutes personnes, ou faire apporter toutes nouvelles pièces qui lui paraîtraient, d'après les nouveaux développements donnés à l'audience, soit par les accusés, soit par les témoins, pouvoir répandre un jour utile sur le fait contesté. »

Cet article indique d'une façon très-explicite, les conditions dans lesquelles doit s'exercer le pouvoir discrétionnaire du président d'assises : 1° il ne peut s'exercer que pendant les débats; 2° il ne doit s'exercer, que quand au cours de l'audience il s'est produit des modifications dans le débat, par suite de nouveaux développements donnés *par les accusés ou les témoins*. Les nouvelles informations produites par le ministère public ou la partie civile, ne pourraient mettre en mouvement le pouvoir discrétionnaire, car la loi a voulu protéger l'accusé contre les surprises, et empêcher le ministère public ou la partie civile d'attendre le dernier moment, pour opposer à l'accusé des inculpations dont ce dernier n'aurait pas eu connaissance, et auxquelles il ne pourrait répondre convenablement.

On a fait à la théorie que nous venons d'exposer de très-graves objections; elles sont presque toutes tirées de la nature et du but du pouvoir discrétionnaire qui doit tendre uniquement à la recherche de la vérité. Mais de semblables raisons ne peuvent, à notre avis, valoir contre le texte précis de l'article 269, et surtout contre les motifs qui l'ont inspiré (voy. Cubain, n° 98).

Ainsi entendu, le pouvoir discrétionnaire est extrêmement étendu, et plusieurs arrêts de la Cour suprême ont été jusqu'à déclarer, qu'il n'avait d'autres règles et d'autres limites que celles que tracent au président son honneur et sa conscience (Cass. 17 mars 1842; 24 juin 1853).

C'est évidemment aller trop loin et il n'est pas possible d'admettre un pouvoir, quelque nécessaire qu'il soit, dont les limites seraient en réalité purement arbitraires. D'ailleurs la jurisprudence elle-même a posé à ce sujet une règle importante dont elle ne s'est jamais départie : « Le pouvoir discrétionnaire est illimité en tout ce qui ne serait pas contraire aux dispositions de la loi. » (Cass. 17 mars 1842). Et c'est en partant de ce principe qu'elle a décidé que le président ne pouvait renvoyer une affaire à une autre session, hors des cas prévus par la loi (Cass. 29 janv. 1841); qu'il ne pouvait s'introduire dans la chambre des délibérations des jurés sous prétexte de les éclairer (Cass. 1 oct. 1846), ces différents actes étant formellement interdits par la loi.

Une autre limitation du pouvoir discrétionnaire se trouve dans le droit de la défense. Ainsi le président ne peut introduire dans le débat des éléments nouveaux, qu'à condition de mettre la défense à même de les examiner et de les discuter. De même si des écrits sont produits, il faut qu'ils soient joints au dossier et communiqués à l'accusé.

Enfin le président ne peut agir en vertu de son pouvoir discrétionnaire que dans un but d'instruction. Toutes les mesures qui n'auraient pas ce caractère appartiennent à un autre ordre de dispositions et sont alors soumises aux règles précises de la loi.

Dans les limites que nous venons de fixer, le pouvoir discrétionnaire a un caractère particulier : il est absolument *personnel* au président des assises ; il en a seul les prérogatives et il en assume seul la responsabilité. La Cour, même avec le consentement du président, ne pourrait prendre part à l'exercice de ce pouvoir, et la nullité de la décision prise par elle ne serait pas couverte par le consentement de ce magistrat. Cependant certains auteurs ont poussé trop loin les conséquences tirées du principe que le pouvoir discrétionnaire est personnel et *incommunicable*. On est allé jusqu'à dire (Cubain, n° 101) que le président doit se régler d'après ses appréciations personnelles et ne doit consulter personne, pas même ses assesseurs. Que s'il les consulte, ils doivent s'abstenir de participer, même officieusement, à ce qui ne rentre pas dans le sphère de leurs attributions. Cette opinion est évidemment exagérée. En s'entourant des lumières de ses assesseurs, le président n'abdique pas son pouvoir. Il réserve toute son indépendance ; il décide seul de la mesure à prendre, et le conseil qu'il a demandé n'est qu'une garantie de plus et une preuve de l'impartialité qu'il apporte dans le débat (Faustin-Hélie, t. VIII, p. 467).

C'est dans le même ordre d'idée que nous approuvons pleinement un arrêt de la Cour de cassation qui décide : « Que le président, en demandant aux jurés s'ils désirent qu'il appelle des témoins dont l'audition lui paraît à lui-même inutile, ne subordonne pas l'exercice de son pouvoir discrétionnaire à leur réponse ; et cette réponse ne fait pas préjuger leur opinion sur le fond de l'affaire ; par suite il ne saurait en résulter un moyen de nullité. » (Cass. 13 oct. 1832). On a critiqué cette décision en prétendant que c'était un moyen pour le président de se décharger d'une partie de la responsabilité que fait peser sur lui le pouvoir discrétionnaire, responsabilité qu'il devait garder tout entière. Mais cette objection n'est guère fondée. Loin de déverser sur les jurés une part de responsabilité, le président agit encore dans ce cas au profit de la vérité et en vue de la meilleure administration possible de la justice. Il est donc absolument dans le rôle qui lui est tracé par la loi.

On a ajouté, il est vrai, qu'un semblable incident portait atteinte au caractère d'impassibilité des jurés en les faisant participer en quelque sorte à la direction des débats. Ce n'est pas là un argument sérieux, car, en bonne foi, quelle manifestation de leur opinion peut-il résulter du désir qu'ils expriment d'entendre un témoin?

Un autre caractère du pouvoir discrétionnaire est d'être absolument *facultatif.*

Ce pouvoir discrétionnaire est facultatif en ce sens que le président des assises n'en use que lorsqu'il le juge à propos. La Cour de cassation a nettement posé la règle : « Le pouvoir donné au président, dit-elle, s'exerce sans contrôle ni partage; le ministère public ni l'accusé n'ont à cet égard aucun droit de réquisition, et dans les décisions que prend le président en vertu de ce pouvoir, il n'a aucun compte à rendre à qui que ce soit. » (Cas. 16 janv 1830).

La conséquence naturelle de ce caractère facultatif du pouvoir discrétionnaire est sa *spontanéité* : le président seul en effet peut le mettre en mouvement et il n'est jamais enchaîné par les conclusions qui en provoquent l'exercice.

Notons que toutes les mesures que le président prend en vertu de son pouvoir discrétionnaire ne peuvent apporter dans le débat que de simples renseignements (art. 269 *in fine*). Enfin la jurisprudence est constante sur ce point, que le président n'est pas obligé de dire qu'il agit en vertu de son pourvoir discrétionnaire, ce pouvoir se manifestant suffisamment par son exercice (Cass. 28 nov. 1860, 25 juil. 1867).

Le pouvoir discrétionnaire du président d'assises

étant ainsi établi, nous allons maintenant passer rapidement en revue les principaux actes qui en ressortent.

Expertises. — En vertu de son pouvoir discrétionnaire, le président peut ordonner une expertise pendant les débats. Il peut même appeler comme expert une personne qui n'avait pas encore figuré dans l'instruction, ou dont le nom était porté sur la liste des témoins. De même, il peut faire entendre les médecins qui ont procédé à des expertises dans le cours de l'instruction écrite et, dans ce cas, ils ne sont pas tenus de prêter serment. Le président peut même, en vertu de son pouvoir discrétionnaire, faire entendre oralement les experts qui ont opéré dans l'instruction, ou se borner à lire leur rapport.

Lorsque le président ordonne une expertise durant les débats, un arrêt de la Cour de cassation décide que le serment doit être prêté par l'expert (Cass. 4 nov. 1841).

Lecture de pièces. — En matière d'apport ou de lecture de pièces, les pouvoirs du président ne sont pas moins étendus. Il peut, en vertu de son pouvoir discrétionnaire, donner connaissance au jury des déclarations faites par l'accusé devant le juge d'instruction. Sur ce point la jurisprudence est constante. Il peut également donner lecture des dépositions écrites des témoins. C'est là une grave dérogation au principe du débat oral, aussi essentiel que celui de la publicité des débats. Aussi le président ne devrait-il user de ce droit qu'avec beaucoup de modération et quand il y a impossibilité pour le témoin de déposer. Mais la jurisprudence à élargi considérablement ce pouvoir et elle a admis que le président pourrait lire la déposition d'un témoin, alors même que ce dernier comparaîtrait, pourvu que la lecture n'ait pas précédé la déposition orale (Cass. 12 nov. 1867).

Le président peut donner lecture de pièces relatives à la moralité de l'accusé. Un exemple récent a montré jusqu'où pouvait aller à cet égard le pouvoir discrétionnaire du président (Cour d'assises de la Seine, Aff. Godefroy).

En sens contraire, il peut refuser la lecture de pièces qui lui paraissent inutiles.

Témoignages. — L'art. 269 autorise le président à faire entendre *toutes personnes* qui lui paraîtraient, d'après les nouveaux développements donnés à l'audience, pouvoir répandre un jour utile sur l'affaire. Nous reviendrons sur ce sujet quand nous traiterons spécialement de l'audition des témoins. Constatons seulement qu'à ce point de vue les pouvoirs du président sont extrêmement étendus : il peut appeler des témoins même après les conclusions du ministère public et la plaidorie du défenseur, pourvu que celui-ci ait la parole ensuite ; il peut faire entendre un témoin frappé d'aliénation mentale pourvu que les jurés soient informés de son état (Cass. 24 janvier 1839).

Enfin, il y a une foule d'actes divers dans le détail desquels il nous est impossible d'entrer et qui ressortent encore du pouvoir discrétionnaire du président. Citons simplement les décisions les plus importantes de la jurisprudence. En matière de vérifications et d'autres mesures d'instruction, le président d'assises peut, en vertu de son pourvoi discrétionnaire, ordonner un transport sur les lieux, de la Cour, des jurés et des accusés afin d'éclaircir un fait contesté (Cass. 30 août 1810) — Il peut également dresser lui-même un plan des lieux et le reproduire aux débats. La Cour de cassation ne voit là qu'un simple renseignement, si toutefois le plan a été soumis non seulement aux jurés et aux témoins, mais encore à l'accusé qui en a reconnu l'exactitude (Cass. 26 juin 1828 ; 17 sept. 1857). — Il peut encore faire distribuer aux jurés un cahier imprimé contenant diverses indications extraites de l'acte d'accusation, les chefs d'accusation et sur chaque chef les circonstances aggravantes (Cass. 2 février 1843), et un arrêt a même admis comme n'étant prohibé par aucun texte, le fait par le président d'avoir fait remettre aux jurés une copie de l'acte d'accusation.

Ce sont évidemment là des pouvoirs exorbitants et que le président d'assises doit, en raison même de leur étendue, n'appliquer qu'avec la plus scrupuleuse modération. Assurément, il est très-loin de notre pensée d'attaquer le principe de ce pouvoir discrétionnaire dont nous avons plus haut reconnu la nécessité, mais il nous est bien difficile d'admettre toutes les prérogatives que lui a accordées la jurisprudence. Au cours de cet exposé, nous en avons déjà combattu quelques-unes, nous ne pouvons pas davantage approuver les deux dernières décisions que nous venons de citer. Est-ce qu'en faisant distribuer un cahier contenant les chefs principaux d'accusation, avec les circonstances aggravantes, ou l'acte d'accusation lui-même, le président ne blessera pas d'abord les droits de la défense, qui ne pourra y opposer aucune mesure analogue, et ensuite le principe essentiel du débat oral? L'étude que les jurés pourront faire de l'acte d'accusation est en effet de nature à les impressionner bien plus vivement que la lecture de cet acte au commencement des débats, et il y a à craindre qu'ils se détachent des dépositions orales et des plaidoiries.

Enfin et surtout, le président d'assises doit veiller à ce que le pouvoir discrétionnaire, excellent en principe, reste entre ses mains un moyen d'instruction et ne devienne jamais une arme pour l'accusation. Il doit se tenir au-dessus du débat qu'il dirige, dans les régions calmes et sereines où la recherche de la vérité est plus facile, et ne jamais descendre dans l'arène, aux côtés du ministère public, de crainte d'exposer la justice qu'il représente aux attaques motivées de la défense. Le pouvoir discrétionnaire, basé sur l'intérêt supérieur de la vérité, ne peut subsister que grâce à l'impartialité du magistrat qui en est investi, et peut-être gagnerait-il à être réglementé, limitativement du moins, d'une façon plus précise. Le résumé du président, supprimé récemment par la législation, non comme institution vicieuse, mais par suite de l'application qu'on en faisait trop souvent, est l'exemple frappant des dangers que pourrait à son tour courir le pouvoir discrétionnaire, car l'on ne doit pas oublier cette maxime éternellement vraie : *Optima lex quæ minimum relinquit arbitrio judicis* (Bacon, *Alphorismes*).

§ III. — *Direction des débats.*

Cette impartialité si nécessaire au président des assises pour l'exercice de son pouvoir discrétionnaire, il n'en a pas moins besoin dans la direction des débats que lui confère l'art. 267. Découvrir la vérité, telle doit être la seule règle de sa conduite. Mais pour arriver à ce but à travers les accusation du ministère public, les dénégations et les difficultés de toutes sortes que soulèvent l'accusé et son conseil, il faut au président, non seulement l'impartialité, mais une haute intelligence et une rectitude de jugement à toute épreuve.

L'art. 267 est ainsi conçu : « Il (le président) sera de plus chargé personnellement de diriger les jurés dans l'exercice de leurs fonctions, de leur exposer l'affaire sur laquelle ils auront à délibérer, même de leur rappeler leurs devoirs, de présider toute l'instruction et de déterminer l'ordre entre ceux qui demanderont à parler. »

L'art. 270 complétant ce pouvoir de direction des débats, ajoute : « Le président devra rejeter tout ce qui tendrait à prolonger les débats, sans donner lieu d'espérer plus de certitude dans les résultats. »

On a contesté que cet article 270 s'appliquât au président, directeur des débats, et on a voulu y voir une sorte de réglementation du pouvoir discrétionnaire. Le président pourrait, en vertu de l'art. 270, écarter du débat les moyens d'éclaircissement trop lents, qu'on le solliciterait de prendre en vertu de son pouvoir discrétionnaire. La place même qu'occupe cet article, immédiatement après les art. 268 et 269 qui établissent et règlementent ce pouvoir, montrerait suffisamment qu'on doit l'entendre dans ce sens. Les arguments historiques sont nombreux en faveur de ce système. L'art. 270, en effet, faisait partie de l'article 277 du Code des délits et peines qui réglait l'application du pouvoir discrétionnaire du président. En 1808, l'art. 277 du Code de brumaire fut morcelé et son dernier paragraphe devint notre art. 270. Il faut donc, dit-on, lui restituer la portée qu'il avait sous la loi de l'an IV ; or à cette époque il avait justement pour but de permettre au président d'assises de refuser de prendre certaines mesures qui n'auraient pu que prolonger inutilement le débat.

Quelque ingénieux que soit ce système, il a d'abord contre lui le défaut capital de méconnaître absolument le caractère *facultatif* que nous avons observé dans le pouvoir discrétionnaire. Sous le Code de brumaire, l'exercice de ce pouvoir était, absolument comme sous l'empire de notre Code d'instruction criminelle, laissé à la libre disposition du président qui n'avait pas besoin, par conséquent, qu'une disposition légale lui permît de résister aux sollicitations déplacées de l'accusé et de son conseil. Ainsi tombe le principal argument de la théorie que nous combattons.

Quant à celui tiré de la place qu'occupe l'article 270 dans notre Code, nous ferons remarquer qu'il se trouve placé sous la rubrique générale : « Fonctions du président, » et que ces fonctions envisagent aussi bien ce magistrat comme directeur des débats que comme exerçant le pouvoir discrétionnaire.

La Cour de cassation s'est décidée en faveur de notre système. Jugeant, dans un arrêt que nous avons déjà cité à propos du président du tribunal correctionnel, que l'art. 270 s'appliquait à *tout ma-*

gistrat chargé de la direction d'un débat quelconque, elle en a étendu l'application au président en matière simplement correctionnelle, ce qu'elle n'aurait pu faire assurément si elle y avait vu une application du pouvoir discrétionnaire.

D'ailleurs, nous ne faisons aucune difficulté de reconnaître que le pouvoir établi par l'art. 270 doit être, comme le pouvoir discrétionnaire, exercé avec beaucoup de modération et qu'il trouve une limitation toute naturelle dans les droits de la défense. C'est pour cela qu'il nous est impossible d'approuver une décision de la Cour suprême, jugeant que le refus du président d'entendre un témoin à décharge, pour le motif que sa déposition ne servirait qu'à prolonger les débats, sans amener d'éclaircissement, ne constituait pas une violation du droit de défense (Cass., 20 mars 1847).

L'art. 267 établit en première ligne, en faveur du président, un pouvoir de direction sur les jurés. Quand il leur a fait prêter le serment dont la formule est contenue dans l'art. 312, il doit les éclairer sur leurs fonctions et leur exposer l'affaire sur laquelle ils sont admis à se prononcer. Cette disposition très sage ne crée en réalité pour le président aucune autorité dont l'influence pourrait se faire sentir dans la suite des débats et à laquelle les jurés devraient obéir. C'est plutôt un devoir qu'elle impose au magistrat de mettre sa connaissance des affaires, son expérience et sa longue habitude des choses de la justice au service de juges toujours peu au courant de leurs fonctions. « Il leur fraye la voie qu'ils doivent parcourir, mais dans cette voie, leur marche reste libre. » (Faustin-Hélie, t. III, p. 443).

Pendant l'audience, les jurés doivent écouter attentivement les débats, et c'est au président qu'il appartient de les rappeler à ce devoir s'ils paraissaient s'en écarter. Enfin pendant la durée de l'instruction le président doit fournir aux jurés toutes les explications qu'ils demandent, afin de les mettre à même de se prononcer d'une façon éclairée.

Indépendamment de ce pouvoir de direction sur les jurés, l'art. 267 charge spécialement le président des assises de présider à l'instruction et de régler l'ordre des interpellations.

Or parmi les moyens d'instruction se trouvent en première ligne l'examen de l'accusé et l'audition des témoins. Nous examinerons en détail ces deux points importants de l'instruction à l'audience mais auparavant il nous faut dire quelques mots sur les pouvoirs du président au point de vue de la continuation ou de la suspension des débats.

L'art. 353 du Code d'Inst. crim. dispose : « que l'examen et les débats une fois entamés devront être continués sans interruption et sans aucune espèce de communication au dehors, jusqu'après la déclaration du jury exclusivement. Le président ne pourra les suspendre que pendant les intervalles nécessaires pour le repos des juges, des jurés, des témoins et des accusés. »

Il semblerait, d'après cette disposition, que les jurés et les juges sont aujourd'hui tenus de demeurer sans interruption dans le prétoire de la Cour, jusqu'à ce que l'affaire soit terminée. Mais il n'en est pas en France comme en Angleterre, où les jurés sont enfermés dans la Chambre de leurs délibérations, jusqu'à ce qu'ils soient unanimes sur le verdict qu'ils ont à rendre : le président peut non seulement suspendre l'audience pendant plusieurs heures, lorsque le repos des jurés, des juges ou de l'accusé l'exige, mais même il peut permettre des suspensions qui entraînent des communications des jurés avec le dehors.

Cette procédure est évidemment contraire au but que se proposait le législateur, et que le rapporteur M. Faure indiquait ainsi dans l'exposé des motifs : « La séduction sera également impossible, lorsque les débats seront commencés; car les jurés ne pourront désemparer qu'après avoir donné leur déclaration. » Mais en fait il ne pouvait guère en être autrement dans les affaires qui occupent plusieurs séances, et la Cour de cassation a admis d'une façon générale : « Que l'art. 353 a confié au président le droit de suspendre l'audience afin de procurer aux juges, aux jurés, aux témoins et aux accusés le repos dont ils peuvent avoir besoin ; qu'en ne fixant pas la durée de ce repos, le législateur s'en est rapporté pour son appréciation à la conscience du magistrat par lui investi du pouvoir de la déterminer ; d'où la conséquence que, ce que le président a cru devoir juger sur ce point, ne saurait donner ouverture à cassation. » (Cass. 4 nov. 1836 ; 7 juil. 1847).

Ce principe une fois admis on l'a appliqué très largement, et il n'est plus contesté que le président puisse suspendre la séance non seulement d'une heure à une autre, mais encore du jour au lendemain et même au surlendemain quand le lendemain est un dimanche ou un jour férié.

Quelques auteurs sont même allés plus loin. Ils soutiennent (Cubain, n° 384) que le président peut suspendre la séance toutes les fois qu'il y a pour cela un motif légitime. Cette théorie a été admise dans de nombreux arrêts par la Cour de cassation ; mais quelqu'utile qu'elle puisse être, il faut bien avouer qu'elle est en opposition trop complète avec le texte de l'art. 253 ; et comme la Cour a toujours le pouvoir de renvoyer à une autre session, conformément à l'art. 406, c'est à elle d'user du droit que lui confère cet article, si les incidents qui se produisent sont de nature à motiver un sursis.

Remarquons que le président qui peut suspendre les débats, ne pourrait pas les interrompre, c'est-à-dire faire procéder, pendant la suspension, au jugement d'autres affaires de la session. La loi a voulu ainsi éviter le danger de distraire et de partager l'attention des jurés appelés à prononcer sur les deux procès.

I. Comparution et examen de l'accusé.

Au jour fixé pour l'ouverture des assises, la Cour et les jurés ayant pris séance, le président fait introduire l'accusé dans la salle des audiences. L'accusé doit comparaître libre et seulement accompagné de gardes pour l'empêcher de s'évader (art. 310). On a soutenu que s'il y avait nécessité bien constatée de s'écarter du texte de l'article 310, le président, chargé de la police de l'audience, pourait le faire sans courir le risque d'opérer une nullité, et un arrêt de la Cour suprême du 20 mars 1862 a décidé, que cette nullité ne pourrait être prononcée, que s'il résultait des débats que l'accusé, chargé de fers, a eu son droit de défense compromis par l'effet de cette entrave corporelle.

Cette interprétation est contraire et au texte et à l'esprit même de notre article 310. Quelle présomption de culpabilité la vue de l'accusé enchaîné ne produira-t-elle pas sur l'esprit des jurés ! Et l'on peut hautement affirmer que cette mesure ne sera jamais indispensable. Si l'accusé peut être dangereux, qu'on double le nombre de ses gardes, qu'on s'assure qu'il ne cache sur lui aucune arme, qu'on prenne en un mot des précautions exagérées, pour qu'il ne puisse atteindre ancune des personnes figurant aux débats, et toute scène tumultueuse et sanglante sera bien certainement prévenue. Mais pour l'honneur de la justice, on ne doit pas transformer en coupable, celui qui n'est encore qu'un accusé.

Cette comparution de l'accusé est obligatoire. Cependant s'il s'obstinait à ne pas vouloir comparaître, il ne pourrait plus aujourd'hui, comme sous l'empire du Code de 1808, paralyser l'action de la justice. En 1835, le refus persistant des accusés d'avril de comparaître devant la Chambre des pairs, avait donné lieu à des scènes extrêmement regrettables. Pour en prévenir le retour, une loi du 9 septembre 1835 a armé le président de pouvoirs spéciaux. Si au jour indiqué pour la comparution à l'audience, l'accusé refuse de paraître, le président de la Cour d'assises lui fait faire sommation par un huissier commis à cet effet et assisté de la force publique. S'il n'obtempère pas à cette sommation, le président peut alors, ordonner qu'il soit amené par la force devant la Cour, ou déclarer, après lecture faite à l'audience du procès-verbal constatant sa résistance, que nonobstant son absence, il sera passé outre aux débats. Dans ce dernier cas, après chaque audience, le greffier de la Cour d'assises doit donner lecture à l'accusé qui n'a pas comparu du procès-verbal des débats, et copie lui est signifiée du réquisitoire du ministère public et de l'arrêt rendu par la Cour, lequel arrêt est réputé contradictoire (art. 9, *in fine*, Loi du 9 septembre 1835).

Que si l'accusé par des clameurs, ou par tout autre moyen propre à causer du tumulte, mettait obstacle au libre cours de la justice, ce n'est plus alors au président seul qu'il appartiendrait de sévir, c'est la Cour qui devrait le faire retirer de l'audience et reconduire en prison (art. 10, Loi du 9 septembre 1835).

Quand l'accusé a comparu librement, le président constate son identité (art. 310), puis l'avertit d'être attentif à la lecture de l'acte d'accusation faite par le greffier (art. 313). Enfin, après cette lecture, le président rappelle à l'accusé ce que contient l'acte d'accusation, et lui indique que c'est de cela qu'il doit répondre devant la justice (article 314).

Il est de jurisprudence constante que ces deux derniers articles ne sont pas prescrits à peine de nullité. La plupart des auteurs pensent même que le défaut de lecture de l'acte d'accusation ne serait pas non plus une cause de nullité. Il nous semble que c'est aller bien loin, car si cette lecture n'apprend en réalité rien à l'accusation ou à la défense, elle peut être très utile au jury.

Dans le cas où il y a plusieurs accusés le président détermine l'ordre dans lequel ils devront être soumis aux débats (art. 334). Il peut même ordonner, conformément à l'art. 327, qu'ils seront examinés séparément. Mais dans ce cas il ne peut reprendre la suite des débats généraux, qu'après avoir instruit chaque accusé de ce qui se sera fait en son absence et de ce qui en sera résulté.

Ce dernier point a été l'objet de nombreuses contestations. On s'est demandé si cette obligation imposée au président d'instruire l'accusé de ce qui s'est passé en son absence, est substantielle à la défense et à la publicité du débat et doit être remplie à peine de nullité. La jurisprudence est des plus hésitantes à cet égard. Après avoir décidé que l'inobservation de l'art. 327 n'entraînait pas la nullité parceque cet article n'était pas prescrit sous la sanction de cette peine, elle est formellement revenue sur cette décision dans deux arrêts du 7 sept. 1829 et du 2 juillet 1835. Mais en 1840, elle a encore varié et la Cour de cassation, consacrant un chef spécial à cette question, l'a résolue d'une façon aussi brève que catégorique : « Sur le moyen tiré de la prétendue violation de l'art. 327 : attendu que l'observation de cet article n'est point prescrite à peine de nullité ; rejette. » Enfin le 21 janvier 1841 elle est revenue à la doctrine des arrêts de 1829 et de 1835 et elle a décidé que : « l'accomplissement de l'obligation imposée au président par l'art. 327 est substantielle à la défense, d'où il suit que l'omission de cette formalité doit emporter la nullité des débats. » Il ne faudrait pas cependant croire que la jurisprudence ait été définitivement fixée par cette décision : la question s'étant représentée devant la Cour a été tranchée en sens contraire le 8 janvier 1852.

Ces hésitations et ces revirements se comprennent peu. L'article 327, on ne saurait le nier, vise une des prérogatives essentielles du droit de défense. Si ce droit est lésé, la procédure doit être annulée, sans qu'il soit besoin pour cela d'un texte formel. Or, on ne peut soutenir que le droit de défense n'aura pas à souffrir de la violation de l'article 327. Personne plus que l'accusé n'est intéressé à tout voir et à tout entendre pendant les débats. La loi permet assurément de l'éloigner momentanément, soit pour affranchir les témoins de l'intimidation qu'il pourrait exercer sur eux, soit pour éviter les querelles et les scènes regrettables entre co-accusés ; mais il importe qu'il puisse se défendre et s'expliquer sur tout ce qui a été dit. Comment pourra-t-il le faire, si le président ne lui rend pas compte de tout ce qui s'est passé en son absence? Il a pu se produire des déclarations, des éclaircissements inattendus sur lesquels il importe que les jurés ne conservent pas des impressions qui n'auraient pu être contredites.

On a objecté que le défenseur représentait suffisamment l'accusé absent. A cela nous répondrons que le plus souvent, quelle que soit la confiance qu'il ait en son conseil, l'accusé a seul une connaissance suffisante des faits, pour donner immédiatement des explications qui peuvent être péremptoires, et que le défenseur serait cependant bien embarrassé de fournir.

Enfin le président doit, dans le cours et à la suite des dépositions, faire représenter à l'accusé les pièces relatives au délit, et pouvant servir à conviction ; il l'interpelle en même temps de répondre personnellement s'il les reconnaît (art. 329). De même, après chaque déposition de témoins, il doit demander à l'accusé s'il veut répondre à ce qui vient d'être dit contre lui, et il doit faire tous ses efforts, pour arriver par ses questions, à la manifestation de la vérité (art. 319).

Nulle part, dans tous les textes que nous venons de parcourir, et qui énumèrent les différentes attributions du président d'assises à l'égard de l'accusé, nous n'avons vu que la loi imposât à ce magistrat l'obligation de lui faire subir un interrogatoire détaillé. L'article 405 porte seulement, que l'*examen* de l'accusé doit commencer immédiatement après la formation du tableau des douze jurés, et par examen, tout le monde entend l'ensemble des actes par lesquels la Cour d'assises va rechercher la vérité de l'accusation. Cependant la pratique habituelle des assises veut que le premier acte du débat soit l'interrogatoire de l'accusé. Cette pratique a soulevé de nombreuses objections. M. Faustin-Hélie (t. VIII, p. 770) y voit un dernier vestige de la procédure inquisitoriale, qui considérait l'interrogatoire définitif comme un élément nécessaire de la sentence. Aussi trouve-t-il que les magistrats qui suivent ce mode de procéder, ne se sont pas rendu compte de la théorie de notre Code, qui a appliqué à l'instruction orale de l'audience les règles de la procédure accusatoire.

D'autres se sont montrés surtout pénétrés des dangers possibles de l'interrogatoire (Cubain, nº 434), un individu illettré, peu intelligent, pouvant se compromettre par des réponses dont il ne comprendrait ni le sens ni la portée. De plus ils craignent que le président, qui le plus souvent a une opinion arrêtée d'avance sur le procès, grâce à la procédure qui précède l'ouverture des débats ne laisse percer son sentiment dans les questions qu'il adressera au prévenu.

Toutes ces raisons ne peuvent nous amener à condamner l'habitude d'interroger l'accusé au commencement des débats. Et d'abord si aucun texte précis ne prescrit cet usage, l'art. 319-3° permet cependant au président « de demander à l'accusé tous les éclaircissements qu'il croit nécessaires à la manifestation de la vérité. » Cette disposition facultative, il est vrai, suffirait déjà pour autoriser le président à poser à l'accusé des questions tendant non seulement à établir sa justification, mais même à faire ressortir les charges qui pèsent contre lui. Enfin même en l'absence de l'art. 319, l'usage de l'interrogatoire ne serait pas illégal, car il se justifierait encore par l'exercice du pouvoir discrétionnaire.

Quant aux autres objections que l'on fait contre l'interrogatoire de l'accusé, objections que nous pourrions appeler sentimentales, nous répondrons d'abord que l'accusé peut toujours refuser de répondre. S'il répond, cela a le grand avantage de faire apprécier immédiatement aux jurés, mieux que toute autre déposition, son caractère, son état d'esprit et la position qu'il entend prendre vis-à-vis de l'accusation. Enfin si l'accusé est innocent, la Cour et les jurés pourront rencontrer dans ses réponses cet accent de sincérité qui ne s'imite point, et qui vaudra mieux pour lui que les meilleures plaidoiries.

Aussi nous rangeons-nous pleinement à l'opinion de la Cour suprême qui sans faire au président une obligation de l'interrogatoire, laisse à sa sagesse le soin d'en apprécier la nécessité (Cass. 22 septembre 1827).

Il nous reste à examiner les devoirs du président quand un accusé est sourd et muet ou ne parle pas la même langue que la Cour ou les jurés. Ce que nous dirons au sujet de l'accusé doit s'entendre également des témoins ou de l'un d'eux seulement (art. 332 et 333).

Dans ces deux circonstances, c'est au président qu'incombe la nomination d'un interprète; mais à ce sujet il s'est élevé certaines difficultés que nous allons passer rapidement en revue.

Et d'abord le président ne peut donner luimême à l'accusé l'explication en français de la déposition d'un témoin parlant une langue ou un idiome différent, alors même que l'accusé déclarerait que l'explication qui lui a été donnée par le président est suffisante, et que la nomination d'un expert est inutile. Ce serait en effet violer l'art. 332 *in fine*, qui interdit, à peine de nullité, de prendre l'interprète parmi les témoins, les juges ou les jurés.

La Cour de cassation professe, au point de vue de la nomination des interprètes, une théorie qui est généralement attaquée. Dans deux arrêts, l'un du 23 avril 1835, l'autre du 23 mai 1839 elle a décidé que le défaut de nomination d'un interprète n'était pas une cause de nullité, s'il n'était pas prouvé que l'accusé n'entendait pas le français, bien qu'il fût certain qu'il ne parlait pas cette langue.

Cette distinction ne doit pas être admise, car elle pourrait amener à des conséquences déplorables. Il est bien difficile, en effet, pour ne pas dire impossible, de s'assurer du degré de connaissance qu'a de la langue un individu qui ne la parle pas. Assurément l'art. 332 emploie l'expression « parler la langue » mais ce n'est pas aux termes mêmes qu'il faut s'attacher, mais bien à l'esprit de la loi et il est hors de doute que pour la loi quand un individu ne parle pas la langue, il y a présomption qu'il ne la sait pas. Le système contraire doit forcément mener à des débats dont l'accusé ne comprendrait pas un seul mot.

A un autre point de vue, la Cour de cassation s'est montrée mieux inspirée, quand elle a déclaré que les infirmités morales ou physiques d'un accusé ou d'un témoin, pourraient nécessiter la nomination d'un interprète. Du reste, elle a toujours admis avec raison que les dispositions des art. 332 et 333 ne sont pas limitatives, et c'est par application de ce principe qu'elle a décidé qu'il y aurait lieu de nommer un interprète, quand l'idiome dans lequel s'exprimaient les accusés et les témoins, n'était pas compris par tous les jurés (Cass., 20 mai 1843).

La loi ne fixe pas le moment de la procédure où l'interprète doit être nommé. Mais après quelques hésitations, la jurisprudence a décidé que quand l'accusé ne sait pas parler le français, il doit être assisté d'un interprète à peine de nullité, lors de la formation du tableau des douze jurés (Cass., 17 janvier 1856). Cette solution est très-raisonnable, car il importe à l'accusé non-seulement de suivre les débats et les dépositions des témoins, mais encore et surtout de comprendre par la lecture de l'acte d'accusation de quel crime on l'accuse. D'ailleurs, en pratique, le président n'attend jamais qu'il y ait une réclamation de l'accusé : il va au devant de l'embarras que ce dernier peut éprouver, et il ne fait en cela que se conformer à l'esprit de la loi.

Lorsque l'accusé est sourd-muet et ne sait pas écrire, le président doit également lui nommer un interprète, et lui choisir pour cela la personne qui a le plus l'habitude de converser avec lui. Si le sourd-muet sait écrire, l'art. 333 *in fine* dispose que le greffier écrira les questions et observations qui lui seront faites ; elles seront remises à l'accusé ou au témoin, qui donneront par écrit leurs réponses ou déclarations. Mais même dans ce cas, il serait nécessaire de donner un interprète à l'accusé pour lui permettre de suivre les péripéties du débat, car sans cela il ne pourrait en saisir qu'une bien faible partie. C'est également pour la même raison, que le président doit nommer un interprète à l'accusé sachant écrire, qui est sourd mais non muet, ou qui est muet sans être sourd. Le greffier leur transmet les questions ou reçoit leurs réponses par écrit, mais l'interprète leur explique tout ce qui ne peut être porté à leur connaissance par écrit.

L'art. 332, avons-nous dit, interdit sous peine

de nullité, quand l'accusé et les témoins ne parlent pas la même langue ni le même idiome, de prendre l'interprète parmi les témoins, les juges ou les jurés. D'un avis unanime, cet article ne s'applique pas pour le choix de l'interprète à donner au sourd-muet : aussi le président peut-il désigner pour remplir ces fonctions, un témoin, un juré ou même un de ses assesseurs, si toutefois c'est la personne qui a le plus l'habitude de converser avec le sourd-muet (Cass., 3 juillet 1846).

Dès que le président des assises a nommé un interprète, il lui fait immédiatement prêter serment de traduire fidèlement les discours à transmettre, entre ceux qui parlent des langages différents. La prestation du serment est exigée à peine de nullité.

En cas d'incident contentieux, c'est la Cour qui, par un arrêt, prononce la nomination de l'interprète.

II. Audition des témoins.

C'est le président de la Cour d'assises qui est chargé, comme directeur des débats, de recueillir les dépositions des témoins. C'est là une mission importante et délicate, car de toutes les preuves en matière criminelle, la déposition orale est certainement celle qui est de nature à faire la plus profonde impression sur l'esprit des jurés.

La liste des témoins, dont les noms ont été notifiés soit à l'accusé par le procureur général ou la partie civile, soit au procureur général par l'accusé, au moins vingt-quatre heures avant l'examen de ces témoins, est tout d'abord lue à haute voie par le greffier (art. 315). Puis le président ordonne aux témoins qui ont comparu, de se retirer immédiatement dans la chambre qui leur est destinée; mais son droit de surveillance sur eux ne cesse pas à leur sortie de la salle des séances. L'article 316 *in fine* ajoute : « Le président prendra des précautions, s'il en est besoin, pour empêcher les témoins de conférer entre eux du délit et de l'accusé, avant leur déposition. »

Le devoir imposé au président, d'abord d'exclure les témoins de l'audience jusqu'au moment de leur déposition, puis de les isoler, s'il en est besoin, et de prévenir ainsi toute conférence et toute entente entre eux, doit être exercé avec beaucoup de vigilance. Les témoins ne doivent subir aucune influence extérieure de nature à leur faire modifier leurs dépositions. Ils doivent à la justice toute la vérité et rien que la vérité, et il ne faut pas qu'ils puissent chercher à mettre leurs souvenirs en harmonie avec les dépositions d'autres témoins.

Cependant, cette règle si importante n'est pas prescrite à peine de nullité (Cass., 17 août 1861 ; 5 juillet 1866). La seule sanction, qui est du reste suffisante, consiste dans le droit qu'ont les parties de discuter la déposition du témoin, en raison des influences qu'il a pu subir.

Les témoins ne sortent de la chambre qui leur est destinée que pour déposer. Ils se présentent séparément et successivement à la barre, sur l'appel de leurs noms fait par le greffier. Quoique l'article 321 semble dire qu'on doit entendre d'abord les témoins à charge, puis les témoins à décharge, le président est libre de ne pas suivre cet ordre si toutefois il trouve quelque avantage pour la manifestation de la vérité, ou s'il se produit quelque empêchement. Un arrêt du 9 avril 1868 lui a formellement reconnu ce droit.

Une fois le témoin introduit dans la salle d'audience, le président constate son identité en lui adressant l'interpellation indiquée par l'art. 317, et lui fait prêter le serment *de parler sans haine et sans crainte, de dire toute la vérité et rien que la vérité.*

Une exception à l'obligation du serment est contenue dans l'art. 79, Inst. crim. Cet article porte : « que les enfants de l'un et l'autre sexe au-dessous de l'âge de 15 ans, pourront être entendus par forme de déclaration et sans prestation de serment. » Mais ce n'est là qu'une faculté laissée au président. Il est souverain juge du discernement qu'il suppose à l'enfant, et il peut, suivant les cas, le soumettre ou non à la formalité du serment (Cass., 30 juillet 1847; 22 août 1867).

Le serment prêté, le témoin commence sa déposition.

Le président doit veiller à ce que cette déposition se passe avec toute la convenance que comporte la solennité du lieu. Il doit surtout éviter (art. 325) qu'il se produise des interpellations de témoin à témoin. Outre le grave inconvénient de manquer au respect qui est dû à la justice, les discussions entre témoins ne peuvent produire que de la confusion dans l'esprit des jurés, et c'est pour cela qu'elles doivent être sévèrement réprimées.

S'il se produisaït quelques additions, changements ou variations entre la déposition du témoin et ses précédentes déclarations, le président devrait en faire tenir note par le greffier (art. 318). Cela est en effet indispensable dans le cas où le témoin est soupçonné de faux témoignage. Enfin quand chaque témoin a fini de déposer, l'art. 320 décide : « qu'il restera dans l'auditoire si le président n'en a ordonné autrement, jusqu'à ce que les jurés se soient retirés pour donner leur déclaration. » C'est là une simple mesure de précaution prescrite au président : il peut être utile en effet, à la manifestation de la vérité, qu'on fasse répéter aux témoins leurs dépositions, ou qu'on leur demande de nouvelles explications sur certains points restés encore obscurs.

Il nous reste à parler des pouvoirs dont le président d'assises est armé quant il se produit un faux témoignage dans le cours des débats. L'article 330 est ainsi conçu : « Si d'après les débats, la déposition d'un témoin paraît fausse, le président pourra, sur la réquisition soit du procureur général, soit de la partie civile, soit de l'accusé et même d'office, faire sur le champ mettre le témoin en état d'arrestation. Le procureur général et le président ou l'un des juges par lui commis, rempliront à son égard, le premier les fonctions d'officier de police judiciaire, le second les fonctions attribuées au juge d'instruction dans les autres cas. Les pièces d'instruction seront ensuite transmises à la Cour d'appel pour y être statué sur la mise en accusation. »

En investissant le président d'un semblable pouvoir, la loi lui a donné un droit absolu d'appréciation. Mais il faut plus qu'une simple suspicion de faux témoignage pour l'application d'une semblable mesure. La déposition doit paraître fausse. L'art. 367 du Code de brumaire an IV, qui est devenu notre art. 330, portait que la déposition devait paraître *évidemment* fausse. Sans réclamer une semblable évidence, notre Code d'instruction criminelle demande au moins des indices très graves. C'est ainsi qu'il a été maintes fois jugé, que de simples variations, changements ou additions d'un témoin dans sa déposition, ne pouvaient permettre au président d'ordonner son arrestation.

En revanche la Cour suprême a admis d'une façon presque constante (28 décembre 1838 ; 24 janvier 1851), qu'en cas de suspicion de faux témoignage, le président, au lieu de mettre le témoin en état d'arrestation, pourrait ordonner qu'il serait gardé à vue par des gendarmes jusqu'à la fin des débats. C'est là une fâcheuse extension donnée à l'art. 330 qui ne peut se justifier sérieusement par aucun argument. Le pouvoir discrétionnaire que l'on a voulu faire intervenir ici n'y est nullement de mise, car ce n'est évidemment pas là un moyen d'instruction ; et l'art. 330 ne permettant en somme que l'arrestation du témoin dont la déposition paraît fausse, proscrit par *a contrario* toute autre mesure. C'est donc là une pratique fâcheuse et contre laquelle on doit s'élever.

C'est ici que nous avons renvoyé l'étude du pouvoir discrétionnaire du président relativement à l'audition de certaines personnes.

Nous avons dit plus haut que le président de la Cour d'assises pouvait en vertu de son pouvoir discrétionnaire, appeler même par mandat d'amener, et faire entendre toutes personnes dont les déclarations lui paraîtraient, d'après les nouveaux développements donnés à l'audience, soit par les accusés soit par les témoins, devoir jeter un jour utile sur les faits contestés.

Ces personnes sont dispensées de la prestation du serment, et leur déposition ne vaut que comme simple renseignement. Mais on s'est demandé ce qu'il adviendrait si, par inadvertance ou toute autre cause, une personne ainsi appelée, avait prêté serment avant de déposer. On a soutenu, et nous devons reconnaître que presque tous les auteurs se rangent à ce premier système, que cette prestation de serment amènerait la nullité des débats. Les jurés, a-t-on dit, ont pu être induits en erreur ; prendre pour une déposition véritable ce qui n'était qu'un simple renseignement, et leur religion a pu être surprise d'autant plus facilement, que l'accusé n'a pu naturellement rien opposer aux faits avancés par des témoins dont le nom ne lui a pas été signifié (Faustin-Hélie, t. VIII, p. 475; Cubain, nº 527).

Telle n'est pas l'opinion de la Cour de cassation. Elle admet d'une façon générale, que l'audition des personnes appelées à titre de simple renseignement est valable, bien qu'elle ait été précédée de la prestation du serment, si l'accusé ne s'est pas opposé à cette prestation. Cette doctrine nous semble très rationnelle. Et d'abord personne ne soutient que la défense de prêter serment, dont parle l'art. 269, soit faite à peine de nullité. Quant à l'impression que cette déposition ainsi assermentée peut faire sur l'esprit des jurés, croit-on sérieusement qu'elle serait beaucoup moindre à la suite d'une audition libre faite dans les mêmes termes? Si donc l'accusé ne s'y est pas opposé, lui qui est le meilleur juge de son intérêt, nous pensons que la sanction de nullité pour une semblable prestation de serment serait absolument exagérée (Cass. 11 mars 1841).

Le président est seul et souverain appréciateur des questions à adresser aux personnes entendues en vertu de son pouvoir discrétionnaire, mais quoique l'art. 269 lui donne la faculté de faire entendre *toutes personnes* ce droit n'est pas sans être en butte à de nombreuses contestations de la part de la doctrine.

L'art. 315 exige que la liste des témoins appelés par le ministère public ou la partie civile, soit notifiée à l'accusé au moins 24 heures avant leur audition. L'accusé de son côté doit agir de même à l'égard du ministère public ou de la partie civile. Si cette formalité a été omise, la partie qui n'a pas reçu notification peut s'opposer à leur déposition. Mais ces personnes qui ne doivent pas être entendues comme témoins, le président pourra-t-il les appeler à donner des renseignements, en vertu de son pouvoir discrétionnaire?

A ce sujet une distinction est nécessaire suivant que le témoin non notifié a été cité ou non devant la Cour d'assises. Bien entendu nous supposons dans les deux cas qu'il a déjà déposé au cours de la première instruction.

Si le témoin n'a pas été cité devant la Cour d'assises et que son nom n'ait pas été notifié à l'accusé, il est assez généralement admis que le président peut l'appeler à donner des renseignements en vertu de son pouvoir discrétionnaire. On a objecté que cette notification 24 heures à l'avance est une garantie indispensable à la défense, qui peut ainsi s'informer de la moralité et des antécédents des témoins qu'on lui oppose, et discuter leurs dépositions avec plus de force. On a ajouté enfin que l'art. 269 ne permet d'appeler que des personnes nouvelles et jusque là étrangères à l'affaire; que la déposition, même à titre de simple renseignement, de témoins ayant déjà été entendus à la première instruction, peut avoir beaucoup d'influence sur l'esprit des jurés, qui remarqueront peu s'il y a eu ou non prestation de serment.

Nous ne croyons pas qu'on doive se rendre à ces raisons. Le témoin non régulièrement cité n'appartient plus à la cause, suivant l'expression de M. Faustin-Hélie (t. VIII, p. 458). Pour une raison quelconque on a renoncé à sa déposition, et il est, au moment des débats, un témoin nouveau dans toute l'acception du mot. C'est donc bien le cas de lui appliquer la disposition de l'art. 315 *in fine* qui, parlant de la nécessité de la notification, ajoute : « sans préjudice de la faculté accordée au président par l'art. 269. » (Cass., 4 juin 1864 ; *affaire Couty de la Pommeraie*).

Quant aux témoins cités régulièrement devant la Cour d'assises, mais dont le nom n'a pas été notifié dans les délais légaux, il ne saurait plus en être de même. Le pouvoir discrétionnaire du président ne peut s'exercer, qu'autant que la partie qui n'a pas reçu notification, s'oppose à son audition comme témoin assermenté. S'il n'y a aucune opposition, le témoin doit prêter serment, car il ne peut appartenir au président de diminuer de sa propre autorité la valeur de sa déposition (Cass., 11 septembre 1862). S'il y a opposition à l'audition de ce témon, ou si les deux parties s'accordent pour renoncer à l'entendre, il devient alors complètement étranger à l'affaire, et rentre tout naturellement dans la catégorie des personnes que le président peut faire appeler.

La discussion n'est pas moins vive au sujet des personnes dont le témoignage est prohibé par l'article 322. Presque toute la jurisprudence, se fondant sur ce que cette prohibition n'est que relative au cas où il y aurait opposition de l'accusé ou du ministère public à l'audition comme témoins des individus énumérés dans l'art. 322, décide que le président peut appeler ces personnes et leur demander de simples renseignements. C'est assurément un moyen puissant d'arriver à la manifestation de la vérité, et nul ne peut donner de renseignements plus précis sur un accusé que ses proches parents ou ses alliés. Mais nous croyons qu'il y a là une extension du pouvoir discrétionnaire, que la morale et l'honnêteté la plus élémentaire réprouvent à la fois. Les jurés, avons-nous déjà dit, ne distinguent guère, pour former leur conviction, entre une déposition assermentée ou une audition libre, et personne ne contestera que certains renseignements, donnés sans prestation de serment, produisent souvent plus d'effet que tous les autres témoignages. On serait donc ainsi exposé, ce qui s'est rencontré il n'y a pas encore longtemps, à voir un enfant déposer contre son père et fournir contre lui le seul témoignage qui pût servir de base sérieuse à une condamnation. De plus, il faut bien reconnaître que ce moyen détourné d'entendre des témoins que la loi prohibe, rendrait absolument inutile les dispositions de l'art. 322. Que si, au contraire, l'accusé ou le ministère public donnent leur adhésion à l'audition de ces personnes, nous comprenons fort bien que leur déposition n'entraîne pas la nullité des débats. Aucun des inconvénients que nous avons signalés ne se produit dans ce cas. Aussi est-ce le seul où nous admettons qu'on puisse recevoir ces dépositions qui, dans tout autre circonstance, pourraient inspirer une véritable horreur.

Nous avons examiné les principales difficultés résultant du pouvoir discrétionnaire du président d'assises en matière d'audition des témoins ; il s'en est présenté d'autres que la jurisprudence a toujours tranchées dans le sens donnant le plus d'extension à ce pouvoir. Ainsi il a été décidé que le président pourrait faire entendre le juge d'instruction qui a instruit l'affaire, ou le ministère public qui a requis les poursuites. Ces décisions sont tout-à-fait exorbitantes. Ces magistrats ne peuvent en effet apporter aucun élément nouveau au procès, et leur intervention ne peut être requise par le président, que dans le but déplorable de produire une impression profonde sur l'esprit des jurés.

Il y a cependant toute une catégorie de personnes devant lesquelles le pouvoir discrétionnaire est bien obligé de s'arrêter : ce sont celles que leur profession astreignent à garder certaines confidences : tels sont les médecins, les notaires, les avocats, les confesseurs etc... Il est bien évident qu'ils ne sauraient être entendus en aucun cas.

Remarquons enfin que les personnes appelées à donner des renseignements en vertu du pouvoir discrétionnaire du président sont loin à beaucoup de points de vue d'être assimilées aux témoins ordinaires. Outre que leur nom n'a pas besoin d'être notifié aux parties 24 heures à l'avance, elles peuvent refuser de parler sans s'exposer à aucune peine, et la répression pour faux témoignage que nous avons étudiée, ne saurait leur être appliquée.

CHAPITRE III.

DES FONCTIONS DU PRÉSIDENT DEPUIS LA CLÔTURE DES DÉBATS JUSQU'A LA PRONONCIATION DE L'ARRÊT.

Lorsque l'audition des témoins est terminée que les plaidoiries et les répliques ont eu lieu, le président, pour observer les dispositions de l'art. 335, qui veut que l'accusé ou son conseil aient toujours la parole les derniers, demande à l'accusé s'il n'a rien à ajouter à sa défense; puis il déclare que les débats sont terminés.

Si l'instruction l'exige, les débats peuvent être rouverts, mais il faut pour cela un arrêt de la Cour d'assises. Ce n'est qu'exceptionnellement et dans le cas où il ne se produit aucune opposition ni aucun incident, que le président peut de sa propre autorité prononcer l'annulation de la clôture (Cass. 30 août 1817).

C'est ici que devait naturellement se placer l'examen du résumé du président et des qualités qu'il devait réunir. Sa suppression récente a simplifié notre tâche et il ne nous est plus possible que d'exprimer quelques regrets.

Assurément nous ne pouvons méconnaître le

bien fondé des critiques auxquelles il avait donné lieu. La loi le voulait bref, impartial et ne puisant ses éléments que dans le sein même des débats, et il faut bien avouer que, s'il remplissait assez généralement cette dernière condition, il laissait trop souvent à désirer aux deux autres points de vue. Mais on ne saurait cependant refuser au résumé un caractère profond d'utilité. Après le réquisitoire du ministère public, après la plaidoirie du défenseur, il est impossible que les jurés ne se sentent pas profondément troublés. Dans le tourbillon des arguments qui se croisent, il leur est difficile de ne pas perdre de vue les témoignages et les renseignements de toute nature qui avaient tout d'abord formé leur conviction. Ils en arrivent à douter des dépositions les plus précises, à suspecter tous les témoignages, et c'est en cet état de trouble et de confusion qu'on va aujourd'hui les renvoyer dans la salle de leurs délibérations.

Le résumé avait pour but de remettre le calme dans leurs esprits, et de leur faire envisager froidement et sans passion, avant le vote, les moyens développés par l'accusation et la défense.

Malheureusement il n'en était pas toujours ainsi. Si louable qu'elle fût en elle-même, cette institution ne pouvait valoir que ce que valaient les hommes chargés de l'appliquer et en pratique, le président tenait rarement la balance complètement égale entre les deux parties. D'ailleurs la Cour de cassation elle-même n'avait pas peu contribué à lancer les présidents d'assises dans la voie qui devait aboutir à la suppression du résumé. A maintes reprises, elle avait déclaré que la loi n'avait pu soumettre l'impartialité et l'exactitude du résumé qu'au jugement de la conscience du magistrat (Cass. 28 avril 1820; 22 juin 1839; 27 mai 1852). C'était favoriser bien imprudemment la tendance qui portait naturellement les présidents d'assises à laisser percer leur opinion personnelle, et surtout à essayer de l'imposer aux jurés.

Des réclamations et des critiques s'étaient souvent produites : elles ont abouti aujourd'hui. Souhaitons que l'expérience ne fasse pas trop regretter l'institution supprimée.

§ Ier. — *Position des questions.*

C'est le président de la Cour d'assises qui est chargé de rédiger les questions qu'il doit remettre aux jurés, et sur lesquelles ceux-ci sont appelés à voter. Ce n'est pas la partie la moins délicate de ses fonctions.

Les articles 337, 338, 339, et 340 posent à ce sujet des règles que nous allons tâcher de résumer. Observons cependant que ces règles ne sont pas prescrites à peine de nullité, la jurisprudence ayant constamment décidé « que ces articles n'étaient qu'indicatifs de la manière dont les questions devaient être posées. » (Cass. 2 août 1816).

Les questions doivent porter : 1° sur le fait principal ; 2° Sur les circonstances aggravantes ; 3° Sur les excuses légales.

Fait principal.—L'art. 337 dispose : « La question résultant de l'acte d'accusation sera posée en ces termes : l'accusé est-il coupable d'avoir commis tel meurtre, tel vol ou tel autre crime, avec toutes les circonstances comprises dans le résumé de l'acte d'accusation ? »

Remarquons tout d'abord que, par application de la règle posée par la Cour de cassation, le président n'est pas lié strictement par cette disposition. Ainsi il a été jugé qu'il pouvait poser les questions dans des termes différents de ceux employés par le résumé de l'acte d'accusation, pourvu toutefois qu'il en reproduisît toute la substance (Cass. 24 juil. 1841). De même, et cette disposition se comprend encore mieux, il peut substituer la définition au fait défini. Cela peut être utile pour l'édification des jurés, qui ignorent le plus souvent quels sont les éléments qui aux yeux de la loi constituent le crime.

Malheureusement la Cour de cassation ne s'en est pas tenue là, et décidant que le président pouvait substituer la définition au fait défini, elle a permis également d'appliquer la réciproque, c'est-à-dire de remplacer la définition donnée dans le résumé par le fait défini. Cela peut avoir de grands inconvénients sous notre législation. Sous le Code de brumaire, où l'on devait poser autant de questions distinctes qu'il y avait d'éléments constitutifs du crime, une semblable pratique eût été peu dangereuse, car les questions subsidiaires éclairaient suffisamment les jurés sur la nature du fait défini. Mais aujourd'hui il n'en n'est plus de même, et la question la plus simple en apparence peut embarrasser un jury même éclairé. Supposez cette interrogation : Un tel est-il coupable d'avoir commis tel meurtre? Est-on bien sûr que chaque juré se rende compte de la différence légale qu'il y a entre l'homicide et le meurtre? Et s'il ne connaît pas la définition des deux, comment répondra-t-il à cette question qui paraît si peu compliquée? Nous pensons donc que cette latitude laissée au président de substituer le fait défini à la définition est mauvaise et dangereuse, et nous ne saurions admettre la doctrine des arrêts qui la lui accordent.

Quelle que soit la rédaction à laquelle s'arrête le président, la question doit soumettre à l'appréciation du jury toutes les circonstances légalement constitutives du crime. Mais la loi ne défend plus, comme le Code de brumaire, de comprendre dans une même question plusieurs éléments de la criminalité. Elle l'ordonne même en prescrivant cette formule : *l'accusé est-il coupable?* qui embrasse à la fois le caractère moral du fait et l'intention de l'agent. Aussi ne pose-t-on plus de questions relativement aux faits justificatifs et exclusifs de pénalité (démence, contrainte, légitime défense). La réponse affirmative du jury à cette question : un tel est-il coupable de tel crime? équivaut à la reconnaissance : 1° que le crime est constant ; 2° Que c'est bien l'accusé qui l'a commis ; 3° Qu'il l'a commis volontairement et non en état de démence ; 4° Que l'accusé a été animé d'une intention coupable.

Quant aux faits constitutifs du crime proprement dits, c'est-à-dire aux caractères constitutifs qui sont spéciaux à chaque crime, il faut que le président les exprime fidèlement dans les questions. Les jurés ne doivent pas statuer sur la qualification légale des faits, par conséquent ils doivent être examinés par des questions séparées, sur chacun des caractères du crime.

Nous allons examiner quelques hypothèses qui feront plus facilement comprendre notre proposition.

Dans le cas où il y a eu tentative de crime, les questions doivent, sous peine de nullité, contenir les faits caractéristiques de la tentative d'après le Code pénal, savoir si la tentative a été manifestée par un commencement d'exécution, et n'a manqué son effet que par des circonstances indépendantes de la volonté de son auteur (Cass. 8 septembre 1853). Un arrêt de la Cour suprême du 23 juin 1827 a décidé que la meilleure manière de poser la question, était d'employer les termes mêmes de la loi, et a proscrit tous les termes équivalents, comme pouvant donner une interprétation défectueuse à la loi pénale.

Cette énumération des faits caractéristiques de la tentative n'est cependant pas nécessaire dans un cas, celui d'attentat à la pudeur commis avec violence : la tentative et la consommation de ce crime étant en effet considérées comme également punissables. Il suffira donc de demander, dans une seule question, si l'accusé a tenté ou consommé un attentat à la pudeur (Cass. 11 avril 1840).

Les questions relatives à la complicité doivent également mentionner les faits qui la constituent, mais naturellement il faut tout d'abord établir la criminalité du fait, aussi bien à l'égard du complice qu'à l'égard de l'auteur principal, car pour être réputé coupable de complicité il faut être déclaré complice d'un fait punissable.

Cependant il est généralement admis, que si la question de complicité doit être posée dans les termes mêmes des articles 60 à 62 Code pénal, qui déterminent les faits, qui seuls peuvent constituer un acte de complicité punissable, il est inutile d'énumérer les modes spéciaux selon lesquels ces faits se sont accomplis. C'est ainsi qu'un arrêt a jugé « qu'il n'était pas exigé par la loi, que la question de complicité par aide et assistance contînt le détail des faits constituant l'aide et l'assistance. » (Cass. 21 mars 1840).

Nous allons appliquer ces règles à la position des questions dans certains crimes qui ont soulevé quelques difficultés.

En matière d'empoisonnement il y a là d'abord un meurtre, mais un meurtre commis dans certaines circonstances particulières qui en font un crime distinct. Ces circonstances caractéristiques sont le fait d'avoir attenté à la vie de quelqu'un par le fait de substances pouvant donner la mort, de quelque manière que ces substances aient été employées, et quel qu'ait été d'ailleurs le résultat. C'est ce caractère spécial que la question devra énoncer; mais le président devra s'abstenir de toute question de préméditation, car cette circonstance est réputée inséparable de l'empoisonnement.

Dans le parricide, le caractère de la victime peut être considéré comme une circonstance aggravante ou comme un fait constitutif du crime. C'est ce que la Cour de cassation avait tout d'abord reconnu, et elle avait admis le droit pour le président de poser une seule ou deux questions : une seule question, si on envisageait la qualité de la victime comme un élément constitutif, et deux dans le cas contraire. Plus tard elle est revenue sur cette décision, et a jugé qu'on devait considérer le parricide comme une circonstance constitutive du crime, et que la qualité de la victime devait être énoncée dans la question principale (Cass., 19 avril 1844).

Cette décision, fort ancienne, se comprenait sous l'empire de la législation antérieure à la loi du 9 juin 1853. L'ancien art. 352 donnait en effet, dans le cas où l'accusé n'était déclaré coupable du fait principal qu'à la simple majorité, le droit à la Cour de prononcer, à la majorité, le renvoi de l'affaire à une autre session. L'intérêt de l'accusé à ce qu'il ne fût posé qu'une seule question était évident, et c'est pour lui maintenir la faveur résultant de l'art. 352 qu'avait été rendu l'arrêt dont nous avons parlé.

Aujourd'hui cet intérêt n'existe plus. Mais on n'en continue pas moins à considérer le parricide comme un crime spécial, dont la question de filiation forme une circonstance constitutive ; aussi pose-t-on une seule question en ces termes : l'accusé est-il coupable d'avoir commis un homicide sur la personne de son père ou de sa mère (légitime, naturel ou adoptif)?

Cette pratique a le très grave inconvénient d'amener les jurés, quand ils éprouvent des doutes sur la filiation, ce qui est fréquent en matière de filiation naturelle, à rejeter la question tout entière, ce qui ne se présenterait pas si le président posait deux questions : une sur le fait de meurtre, et l'autre sur la circonstance aggravante résultant de la filiation.

Pour le crime d'infanticide, les conditions constitutives de ce crime sont : 1° la mort donnée volontairement, et 2° la qualité de nouveau-né de la victime. C'est ce que le président indiquera en posant ainsi la question : L'accusé est-il coupable d'avoir volontairement donné la mort à un enfant nouveau-né? Mais si la qualité de nouveau-né était l'objet d'un débat, on devrait en faire l'objet d'une question distincte, afin de ne pas être exposé à voir les jurés rejeter l'incrimination tout entière.

Dans une accusation d'attentat à la pudeur, qu'il y ait violence ou non, la question doit indiquer qu'il s'agit d'un *attentat à la pudeur :* car c'est là la caractéristique du crime : le mot *attentat* seul ne suffirait pas. Il a été jugé que dans une accusation d'attentat à la pudeur sur une personne âgée de moins de onze ans, la question de savoir si l'accusé est coupable d'avoir commis un attentat sur une personne, sans détermination de la nature de l'attentat est nulle, et la réponse affirmative à cette question ne peut servir de base à une condamnation (Cass., 24 mars 1853).

En matière d'incendie, la question semble très

simple au premier abord et se présente sous cette forme : l'accusé est-il coupable d'avoir mis volontairement le feu? Mais si le feu a été mis à une maison habitée ou à ses dépendances, cela devient immédiatement une circonstance aggravante qu'il faudra poser dans une question distincte, comme nous le verrons bientôt.

Si le feu a été mis par communication, la question devra énoncer les caractères constitutifs énumérés par l'art. 434, Code pénal; à savoir : que le feu a été mis volontairement à des matières quelconques; que ces matières ont été placées de façon à communiquer l'incendie, et que l'incendie a été communiqué effectivement.

Enfin le préjudice causé à autrui par l'incendie lorsqu'il a été allumé par le propriétaire, ce qui arrive en cas d'assurance, d'hypothèque, etc..., est aussi un élément constitutif du crime et comme tel doit figurer dans la question principale qui devient ainsi beaucoup plus chargée qu'elle ne paraissait devoir l'être tout d'abord.

En cas de bigamie, le président devra viser dans sa question l'existence d'un premier mariage, et le fait d'en avoir contracté un second, avant la dissolution du premier. C'est ce qu'a décidé un très-ancien arrêt qui approuve le président d'avoir procédé ainsi (Cass. 17 nov. 1812).

En matière de faux, la question est toujours compliquée car elle doit réunir tous les faits élémentaires du crime de faux. Or, ces faits sont nombreux. Ils comprennent :

1° Le fait matériel de faux, et naturellement le faux doit avoir été commis suivant un des modes prévus par les art. 145, 146 et 147 du Code pénal, particularité que doit énoncer la question.

2° L'intention frauduleuse de l'accusé. Cette intention est généralement indiquée par le mot *frauduleusement* qu'on introduit dans la question.

3° La possibilité d'un préjudice causé à autrui. Car pour qu'il y ait crime, le faux doit avoir pu produire un effet et ne doit pas être resté à l'état de simple projet. C'est encore ce que devra indiquer la question.

Cette question, déjà si chargée, le sera encore davantage si l'on se trouve en présence d'un faux en écriture publique ou commerciale. La jurisprudence regarde ces deux caractères comme des éléments constitutifs de crimes et non comme des circonstances aggravantes qui feraient l'objet de questions distinctes. Mais il est bien certain que c'est au président seul qu'appartient de décider si le faux a été commis en écriture publique ou commerciale. Le jury ne saurait être consulté sur ce point de droit. La question se bornera donc à relater les caractères qui, aux yeux de la loi, constituent l'authenticité ou la commercialité de l'acte falsifié.

Quant à l'usage de pièces fausses, la question

doit contenir, à peine de nullité, la mention de la connaissance que l'accusé avait de la fausseté de la pièce.

En cas de banqueroute frauduleuse, il faudra que le président se reporte à l'art. 591 du Code de commerce qui énumère les caractères constitutifs de ce crime. Ce sont, d'abord la qualité de commerçant failli, puis un des faits suivants : soustraction des livres, détournement ou dissimulation d'une partie de l'actif, reconnaissance de dettes inexistantes. La question ressortira alors clairement : l'accusé est-il coupable d'avoir, étant commerçant failli, soustrait ses livres, dissimulé une partie de son actif, etc?...

De tous ces exemples, que nous pourrions multiplier encore, il ressort une règle unique et toujours la même : la question doit énoncer les faits légalement constitutifs du crime, et cela dans les termes mêmes employés par la loi pour le définir. Lorsque ces éléments constitutifs sont nombreux, comme dans le faux par exemple, la rédaction de la question peut être difficile, mais elle sera inattaquable si le président s'est scrupuleusement conformé au principe que nous venons de poser.

Ajoutons cependant qu'à côté des éléments légalement constitutifs du crime, les questions doivent contenir les détails précisant le crime particulier dont il s'agit. Elles doivent énoncer, entre autres choses, la date du crime, le lieu où il a été commis et le nom de la victime. Ces énonciations ont pour but non plus de caractériser le fait, mais de le déterminer. Elles ne sont donc pas exigées avec la même rigueur que les éléments constitutifs. Tout ce que la loi demande c'est qu'il ne puisse y avoir aucun doute dans l'esprit des jurés sur le fait qui a été soumis à leurs délibérations.

Nous avons examiné la rédaction des questions au point de vue du fait principal, tel qu'il ressortait du résumé de l'acte d'accusation : voyons rapidement ce que doit faire le président quand il se produit des faits nouveaux pendant les débats.

Le principe est simple et nous allons le poser tel qu'il a été admis par la presque généralité des auteurs (Carnot sur l'art. 338 ; Cubain, n°s 579 et 580; Faustin-Hélie, t. IX, p. 50).

Lorsque le nouveau fait découvert par les débats constitue par lui-même un délit ou un crime distinct et essentiellement différent de celui qui est porté à l'acte d'accusation, il ne peut être soumis au jury et doit devenir l'objet d'une instruction particulière. Si, au contraire, les faits nouveaux révélés par les débats ne sont que des circonstances ou des modifications du fait principal, le président doit alors les soumettre au jury quand bien même ils auraient pour résultat de changer le caractère du crime.

La Cour de cassation a souvent appliqué cette théorie. Elle a décidé d'une façon générale « que le jury doit juger l'accusation telle que les débats la font et non telle que la procédure l'avait établie ; que le président *est donc tenu* de poser toutes les questions résultant des débats qui tendent à *modifier* l'accusation » (Cass. 6 juillet 1826), et un autre arrêt expliquait ainsi la décision de la Cour : « pourvu que ces questions ne portent pas sur des faits étrangers au fait principal et ne soient qu'une *modification* de l'accusation résultant de l'arrêt de renvoi, et qu'il n'en sorte pas une *accusation différente.* » (Cass. 29 décembre 1832).

Le président doit donc examiner avec soin quels faits sont absolument nouveaux et quels autres faits ne sont que des circonstances ou des modifications du fait principal. Là est toute la difficulté, difficulté d'application plutôt que de principe et dans les détails de laquelle nous n'avons pas à entrer.

Circonstances aggravantes. — L'acte d'accusation peut contenir l'énoncé de circonstances aggravantes, et il peut également s'en produire au cours des débats.

Nous avons vu que les circonstances constitutives du fait principal devaient être comprises dans la même question que ce fait. Aujourd'hui, sans qu'il y ait lieu de distinguer si les circonstances aggravantes résultent de l'acte d'accusation ou des débats, la question qui leur est relative doit être posée séparément.

Avant la loi du 13 mai 1836 il n'en était pas ainsi, et il fallait distinguer entre les circonstances résultant de l'acte d'accusation et celles résultant des débats. Se fondant sur les termes mêmes de l'art. 337, la jurisprudence avait décidé que la réunion du fait principal et des circonstances aggravantes dans la même question, quand ces dernières résultaient de l'acte d'accusation, ne violait aucune loi (Cass., 10 août 1820) ; mais d'un autre côté, elle reconnaissait qu'en faisant de chacune des circonstances aggravantes du fait principal l'objet d'une question séparée, le président employait une procédure préférable et qui n'était, non plus, contraire à aucun texte (Cass., 16 avril 1831). Quant aux circonstances aggravantes résultant des débats, de tout temps le président avait dû les poser par questions séparées, pour se conformer à l'article 338.

La loi du 13 mai 1836, en décidant (art. 1) que le jury voterait, *par scrutins distincts et successifs*, sur le fait principal d'abord, et s'il y a lieu sur chacune des circonstances aggravantes, a fait varier la jurisprudence, et, après quelques hésitations, la Cour de cassation a décidé « que la position d'une question unique sur le fait principal et sur la question aggravante, emporte nullité de l'arrêt de condamnation intervenu. » (Cass., 17 février 1849). Cette règle est éminemment sage : confondre en effet, dans une seule question, le fait principal et la circonstance aggravante, c'était forcer bien souvent le jury à rejeter une accusation dont une partie lui paraissait cependant justifiée, ou à l'admettre tout entière contre sa conscience.

Quand la circonstance aggravante ne consiste pas dans un fait simple, comme le guet-apens, la préméditation, la publicité du lieu..... Il faut naturellement que la question qui y est relative, énonce les éléments qui constituent l'aggravation. Un seul exemple suffira à faire bien comprendre notre pensée : d'après les art. 381-4° et 384 du Code pénal, en matière de fausses clefs, le caractère d'aggravation n'existe que si l'auteur a fait usage de ces fausses clefs dans une maison, appartement ou chambre servant à l'habitation, ou dans un édifice, parc ou enclos. La question relative à l'emploi des fausses clefs devra donc constater que c'est dans un des endroits précités qu'il en a été fait usage (Cass., 1er juin 1854).

Excuses. — L'art. 339 dispose que le président doit interroger le jury par cette question : *tel fait est-il constant?* lorsque l'accusé aura proposé pour excuse un fait admis comme tel par la loi. Il n'est pas nécessaire que la qualification d'excuse soit expressément attribuée au fait invoqué, pour que le président soit obligé de poser la question : la

Cour de cassation a très sagement décidé « que le caractère d'excuse appartient à tout fait qui, d'après les dispositions de la loi, est de nature à atténuer, à modifier ou à supprimer la peine.

Lors donc qu'un accusé invoque un fait comme excuse, il y a lieu de vérifier, s'il y a des dispositions de lois qui lui donnent cet effet pour le crime dont il s'agit, et ensuite si le fait allégué a le caractère légal nécessaire pour constituer l'excuse. Au reste nous n'avons pas à insister sur ce sujet, car dès qu'il y a doute sur le caractère légal du fait allégué comme excuse, ce n'est plus au président seul, mais à la Cour d'assises tout entière à se prononcer. Il y a en effet dans ce cas un véritable débat contentieux, et comme toujours, c'est la Cour qui doit le trancher.

Enfin la jurisprudence a consacré le principe que les faits de démence, de contrainte et de légitime défense ne doivent pas faire l'objet d'une question spéciale parce qu'ils sont compris dans la question intentionnelle résumée par le mot *coupable* (Cass. 27 nov. 1834). Nous avons déjà énoncé cette théorie en parlant de la question à poser sur le fait principal. Qu'il nous soit permis de dire ici combien nous la trouvons dangereuse.

Assurément l'accusé n'est pas *coupable*, s'il se trouve dans un de ces cas justificatifs; mais ne doit-on pas craindre que les jurés se laissent trop facilement entraîner par le fait matériel et répondent affirmativement à la question principale, malgré la conviction où ils sont de la non-culpabilité de l'accusé? C'est une analyse fort délicate à faire, que celle qui consiste à peser tous les éléments de la culpabilité et à voir s'ils se trouvent dans les conditions légales, requises pour rendre l'auteur du crime responsable. On va donc faire dépendre, suivant l'expression de M. Berryat-Saint-Prix, l'existence d'un accusé du plus ou moins d'aptitude des jurés à faire des distinctions métaphysiques assez subtiles. Il leur est bien difficile de faire la différence entre les faits justificatifs et les faits d'excuse, et ils en arrivent naturellement à se demander pourquoi on leur pose une question sur ces derniers, tandis qu'on passe les premiers sous silence.

La jurisprudence s'est émue de toutes ces raisons, et elle a reconnu au président, en ce qui touche les faits justificatifs, un pouvoir facultatif d'en faire ou non une question spéciale. Cette transaction ne saurait nous suffire et la seule solution possible est que l'accusé puisse toujours, lorsqu'il allègue un fait justificatif, demander que le jury ait à se prononcer dessus. Ce sera, si l'on veut, une surabondance de questions, mais nous croyons avoir démontré combien cette surabondance sera souvent indispensable (Cubain, n° 591; Faustin-Hélie, t. IX, p. 39).

Discernement. — L'art. 340 impose au président, à peine de nullité, l'obligation, quand l'accusé a moins de 16 ans, de poser au jury la question suivante : L'accusé a-t-il agi avec discernement ? Cette question doit être posée pour chaque chef d'accusation ; on comprend très-bien en effet qu'il puisse y avoir discernement sur quelques-uns et défaut de discernement sur les autres (Cass. 9 fév. 1854).

Quand l'âge de l'accusé est incertain, comme c'est là un point de fait à éclaircir, nous pensons avec la doctrine et la jurisprudence que c'est une question qui doit être soumise au jury. Mais nous ne saurions aller aussi loin que certains auteurs qui pensent que cette question d'âge doit encore être posée au jury, même en présence d'un acte de naissance, applicable sans contestation à l'accusé. C'est là, ou mettre en doute la foi due à un acte authentique, ou solliciter des jurés une réponse qui serait forcément banale ou absurde. Aussi pensons-nous que le président a le droit absolu de se prévaloir de cet acte de naissance, pour poser, s'il y a lieu, en faveur de l'accusé la question de discernement.

Terminons par une observation générale sur la position des questions. En principe, elles doivent être redigées de manière à ne présenter aucune question de droit à résoudre au jury. Les jurés doivent être interrogés sur les différents éléments de la qualification légale, mais ils ne doivent pas l'être sur le point de savoir s'il y a identité entre le fait incriminé et le fait légal. En un mot ils ne sont juges que du fait, et n'ont pas à se prononcer sur le sens et la portée de la loi. C'est là du reste une question de compétence dont nous n'avons pas à nous occuper davantage.

Les questions doivent être posées par écrit et signées du président qui les a rédigées. Cependant, quoique cette dernière pratique soit générale, elle n'est cependant pas exigée à peine de nullité, aucun texte ne l'imposant. Une fois écrites, le président doit donner lecture des questions publiquement et en présence de l'accusé. C'est le moment où s'ouvre la discussion sur leur rédaction. Nous avons dit déjà qu'en cas de contestation, ce n'est plus au président, mais à la Cour de statuer.

§§ II et III. — *Avertissements au jury et à l'accusé, et prononciation de l'arrêt.*

Les fonctions du président ne s'arrêtent pas après la lecture des questions. Avant de renvoyer les jurés dans la salle des délibérations, il doit leur donner deux avertissements.

Le premier a trait aux circonstances atténuantes et a été introduit dans l'art. 341 par la loi du 9 juin 1853. Cet article, que plusieurs lois ont successivement modifié, est ainsi conçu : « En toute matière criminelle, même en cas de récidive, le président, après avoir posé les questions résultant de l'acte d'accusation et des débats avertit le jury, à peine de nullité, que s'il pense à la majorité qu'il existe en faveur d'un ou de plusieurs accusés reconnus coupables, des circonstances atténuantes, il doit en faire la déclaration en ces termes : à la majorité il y a des circonstances atténuantes en faveur de l'accusé. Cette formalité, prescrite à peine de nullité, doit être constatée dans le procès-verbal des débats.

Le second avertissement est également contenu dans l'art. 341-3°. Le président doit avertir le jury que tout vote doit avoir lieu au scrutin secret. Mention doit être faite, à peine de nullité, de cet avertissement au procès-verbal.

Enfin le président donne connaissance au jury des dispositions de l'art. 347 modifié par la loi de 1853, d'après lequel la décision du jury, tant contre l'accusé que sur les circonstances atténuantes, se forme à la majorité, le nombre de voix ne devant pas être exprimé. Mais ce dernier avertissement n'est plus, comme les deux autres, prescrit à peine de nullité.

Ces formalités remplies, le président remet les questions écrites aux jurés dans la personne du chef du jury; il y joint l'acte d'accusation, les procès-verbaux qui constatent les délits et les pièces du procès autres que les déclarations écrites des témoins. Puis il fait retirer l'accusé de l'auditoire et les jurés rentrent dans la chambre de leurs délibérations.

A la reprise de l'audience, si le jury rend un verdict pur et simple de non-culpabilité, le président fait revenir l'accusé et lui fait donner lecture, à peine de nullité, de la déclaration du jury. Puis conformément à l'art. 358, il prononce qu'il est acquitté de l'accusation et ordonne immédiatement qu'il soit mis en liberté. Si au contraire le jury rend une déclaration de culpabilité, et que la Cour n'use pas du droit qui lui est conféré par l'art. 352, le président, après lecture du verdict à l'accusé, et lorsque le ministère public a pris ses réquisitions pour l'application de la loi, demande à l'accusé, toujours à peine de nullité, s'il n'a rien à dire pour sa défense (art. 363).

C'est la Cour qui procède à l'application de la peine et à la condamnation définitive, mais c'est le président qui prononce l'arrêt publiquement, après avoir lu le texte de la loi dans lequel se trouve l'indication de la peine (art. 369); après le prononcé de l'arrêt, si le comdamné est un membre de la Légion d'honneur, le président ajoute, sur le réquisitoire du ministère public: « Vous avez manqué à l'honneur; je déclare au nom de la Légion que vous avez cessé d'en être membre » (Décret du 16 mars 1852, art. 43). Mais quel que soit le condamné, le président doit à peine de nullité l'avertir qu'il a trois jours pour se pourvoir en cassation (art. 371).

Toutes ces formalités remplies, le président déclare la séance levée, et il ne lui reste plus qu'à signer avec le greffier le procès-verbal de la séance à l'effet de constater que tout s'est passé conformément à la loi.

POSITIONS

DROIT ROMAIN.

I. — Le *judex quæstionis* n'était pas un magistrat proprement dit, mais simplement un délégué du Préteur, qui lui confiait les fonctions de président. (V. p. 15).

II. — Les condamnés aux mines pour un temps déterminé ne perdent pas la liberté, mais seulement la cité et doivent être assimilés aux condamnés aux travaux forcés à perpétuité. (V. p. 28.)

III. — La condition des criminels condamnés à être exposés aux bêtes, et celle des condamnés *in ludum venatorium* n'était pas identique : les premiers seuls étaient considérés comme condamnés à la peine de mort. (V. p. 30).

IV. — L'âge du coupable n'était une cause d'exemption de pénalité qu'autant qu'il impliquait l'absence absolue de discernement chez l'auteur du délit. (V. p. 60).

V. — Le fait de tuer un voleur qu'on pouvait facilement arrêter, constitue un homicide et tombe sous le coup de la loi *Cornelia*. (V. p. 55).

VI. — Les Romains n'avaient pas de théorie précise relativement à la tentative : ils ne la punissaient que comme un crime spécial et complet, consistant dans l'intention manifestée par un fait actif (V. p. 80).

VII. — Il y eut toujours, même sous Justinien, une différence de résultat, entre la révocation d'une donation pour ingratitude, et une révocation de donation pour inexécution des charges.

VIII. — Dans une action *in rem*, l'ordre donné par le juge au défendeur, de remettre au demandeur la possession de la chose litigieuse, ne constitue pas une *justa causa usucapionis* au profit du demandeur.

DROIT CIVIL.

I. — Le legs en usufruit de l'universalité des biens du testateur, ne constitue ni un legs universel, ni un legs à titre universel, mais seulement un legs à titre particulier.

II. — Le retrait successoral peut être exercé contre le mari même commun en biens qui, légagataire de l'usufruit de tous les biens de sa femme, s'est rendu cessionnaire de droits héréditaires dans la succession de celle-ci.

III. — La possession d'état ne peut être invoquée pour établir la filiation naturelle, alors même que cette possession serait conforme à l'acte de naissance.

IV. — L'enfant renonçant ou indigne, ne doit pas être compté pour le calcul de la réserve.

V. — Lorsque par suite de l'action paulienne, les créanciers ont fait revenir dans le patrimoine du débiteur un bien qu'il avait frauduleusement échangé, l'acquéreur évincé, peut répéter le bien donné par lui en échange, même aux mains d'un tiers, qui l'aurait acquis en connaissance de cause.

VI. — La femme qui poursuit l'interdiction de son mari n'a pas besoin de lui demander son autorisation.

VII. — Les créanciers envers lesquels la femme

commune en biens s'est engagée solidairement avec son mari, ne peuvent poursuivre l'exécution de cet engagement sur les biens de la communauté que du chef du mari et non de celui de la femme : conséquemment si, par exemple, le mari a obtenu un concordat, les créanciers de la femme ne peuvent plus poursuivre les biens de communauté pour la partie remise.

DROIT CRIMINEL.

I. — En cas de tumulte à l'audience, en matière de simple police, lorsque l'injure s'élève aux proportions de l'outrage envers le juge de paix, ce dernier peut appliquer au délinquant des peines correctionnelles, en vertu de l'art. 504, Inst. crim., combiné avec les articles du Code pénal relatifs aux délits commis (V. p. 12).

II. — L'art. 148, Inst. crim., qui permet au juge de police, avant le jour de l'audience, sur la réquisition du ministère public ou de la partie civile, de faire estimer le dommage, dresser des procès-verbaux ou ordonner des actes requérant célérité ne doit pas être étendu au président de tribunal correctionnel (V. p. 26).

III. — Pendant l'instruction complémentaire que le président d'assises est autorisé à faire avant l'ouverture des débats, il peut indistinctement entendre, non seulement des témoins nouveaux, mais encore ceux qui ont déposé dans l'instruction civile (V. p. 40).

IV. — Le président d'assises ne peut, en vertu de son pouvoir discrétionnaire, faire entendre de nouveaux témoins, ou ordonner un apport de pièces sur de nouveaux développements, donnés par le ministère public ou la partie civile (V. p. 61).

V. — Le pouvoir discrétionnaire ne peut conférer au président d'assises le droit de faire distribuer aux jurés, pendant les débats, une copie de l'acte d'accusation (V. p. 69).

VI. — L'art. 270, Inst. crim., s'applique au pouvoir qu'a le président d'assises sur la direction des débats, et n'est pas une réglementation du pouvoir discrétionnaire (V. p. 71).

VII. — Lorsque le président d'assises a fait momentanément retirer de l'audience un ou plusieurs accusés, en vertu du pouvoir qui lui est conféré par l'art. 327, Inst. crim., il ne peut, à peine de nullité, reprendre la suite des débats, qu'après avoir instruit l'accusé de ce qui s'est fait en son absence (V. p. 80).

VIII. — Le président n'a pas le droit, en vertu de son pouvoir discrétionnaire, de faire entendre des témoins dont l'art. 332 prohibe l'audition. (V. p. 97).

DROIT PUBLIC ET ADMINISTRATIF.

I. — Les traités d'extradition s'appliquent aux crimes antérieurs à la date de leur signature.

II. — La houille ne doit pas être considérée comme contrebande de guerre.

III. — Lorsque plusieurs légataires universels sont institués avec déclaration qu'au décès de l'un d'eux l'hérédité passera sur la tête des survivants, il s'opère au décès de chacun d'eux une nouvelle mutation qui donne lieu à un droit proportionnel.

Vu par le Président de la thèse :
J.-E. LABBÉ.

Vu par le Doyen :
Ch. BEUDANT.

VU ET PERMIS D'IMPRIMER :
Le vice-recteur de l'Académie de Paris,
GRÉARD.

TABLE DES MATIÈRES.

Paris, imp. F. Pichon. — A. Cotillon & Cie, 30, rue de l'Arbalète, & 24, rue Soufflot.

www.ingramcontent.com/pod-product-compliance
Ingram Content Group UK Ltd.
Pitfield, Milton Keynes, MK11 3LW, UK
UKHW012028240726
13965UKWH00002B/647

9 782013 068956